글 서지원

한양대학교를 졸업하고 《문학과 비평》에 소설로 등단해, 지식과 교양을 유쾌한 입담과 기발한 상상력으로 전하는 이야기꾼입니다. 지식 탐구 능력과 창의적인 문제 해결 능력을 스토리텔링으로 풀어낸 책 250여 종 중에서 중국, 대만 등에 수십 종의 스토리텔링 책이 수출되었고, 서울시 올해의 책, 원주시 올해의 책, 문화체육관광부와 한국도서관협회가 뽑은 2012 우수문학도서 등에 선정되었습니다. 2009 개정 초등 국정 교과서와 고등 모델 교과서를 집필했고, 초등학교 4학년 2학기 국어 교과서에 동화가 수록되었습니다. 쓴 책으로는 《마지막 수학전사 1~5》《몹시도 수상쩍은 과학교실 1, 2, 3》《빨간 내복의 초능력자 1~5》 《즐깨감 수학일기》《즐깨감 과학일기》《수학 도깨비》《소원 들어주는 음식점》 등이 있습니다.

그림 임대환

대학교에서 디자인을 전공하고 캐릭터, 애니메이션, 게임 회사에서 일했으며 현재 프리랜서 일러스트레이터로 그림책 작업을 하고 있습니다. 그린 책으로 《마지막 수학전사 1~5》《닮고 싶은 창의 융합 인재 4 세종대왕》《Monsters at Work》《The Rainbow Story》《Mike's mess》와 창작그림책 《콩》《Sun, wind, clouds, rain》 등이 있습니다.
www.limbook.com

감수 와이즈만 영재교육연구소

창의 영재수학과 창의 영재과학 교재 및 프로그램을 개발했습니다. 구성주의 이론에 입각한 교수학습 이론과 창의성 이론 및 선진 교육 이론 연구 등에도 전념하고 있습니다. 국내 최고의 사설 영재교육 기관인 와이즈만 영재교육에 교육 콘텐츠를 제공하고 교사 교육을 담당하고 있습니다.

마지막 수학전사

와이즈만 수학동화

마지막 수학전사
❷ 오벨리스크의 문을 열다

1판 1쇄 발행 2015년 3월 30일
1판 6쇄 발행 2024년 9월 25일

서지원 글 | 임대환 그림 | 와이즈만 영재교육연구소 감수

발행처 와이즈만 BOOKs
발행인 염만숙
출판사업본부장 김현정
편집 이혜림 양다운 이지웅
디자인 윤현이
마케팅 강윤현 백미영 장하라

출판등록 1998년 7월 23일 제 1998-000170
사용연령 8세 이상
제조국 대한민국
주소 서울특별시 서초구 남부순환로 2219 나노빌딩 3층
전화 마케팅 02-2033-8987 편집 02-2033-8928
팩스 02-3474-1411
전자우편 books@askwhy.co.kr
홈페이지 mindalive.co.kr

저작권자 ⓒ 2015 서지원 임대환
이 책의 저작권은 서지원 임대환에게 있습니다.
저자와 출판사의 허락 없이 내용의 일부를 인용하거나 발췌하는 것을 금합니다.

이 도서의 국립중앙도서관 출판시도서목록(CIP)은 서지정보유통지원시스템 홈페이지
(http://seoji.nl.go.kr)와 국가자료공동목록시스템(http://www.nl.go.kr/kolisnet)에서 이용하실
수 있습니다. (CIP제어번호 : CIP2015006709)

* 와이즈만 BOOKs는 (주)창의와탐구의 출판 브랜드입니다.

서지원 글 | 임대환 그림 | 와이즈만영재교육연구소 감수

마지막 수학 전사

② 오벨리스크의 문을 열다

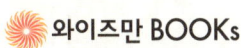
와이즈만 BOOKs

| 차 례 |

작가의 글 6
등장인물 8
지난 줄거리 10

Mission 1
오벨리스크의 문을 열어라 13
평면도형의 내각의 합

신화 이야기 **태양의 신을 위한 오벨리스크** 32

Mission 2
까마귀 떼의 습격을 막아라 35
평면도형의 성질

신화 이야기 **하토르의 두 얼굴** 60

Mission 3
도플갱어의 함정에서 벗어나라 65
선대칭과 점대칭

신화 이야기 **해와 달을 지키는 아케르 신** 94

Mission 4
다시 초능력을 찾아라 97
도형의 넓이

신화 이야기 **나일 강을 지키는 혼돈의 신 세베크** 114

Mission 5
소머리 괴물의 수수께끼를 풀어라 119
다각형의 넓이

신화 이야기 **가짜 수염을 붙인 하트셉수트 여왕** 139

| 작가의 글 |

새는 알을 깨고 세상에 나온다

인간은 두 번 태어난다. 첫 탄생은 엄마의 몸에서 육체적 생명으로 세상 밖에 나오는 것이고, 그 다음 탄생은 자신 스스로 거듭나 정신적 생명을 얻는 것이다. 즉 자신을 에워싸고 있는 단단한 껍질을 스스로 깨야만 진정한 어른으로 다시 태어날 수 있다. 마치 애벌레가 고통스럽게 허물을 벗어야 화려한 나비로 태어나는 것처럼.

이 책은 내가 어린 시절에 읽었던 헤르만 헤세의 《데미안》이란 소설에 나온 한 문장에서 영감을 받아 쓴 것이다.

새는 알을 깨고 나온다. 알은 곧 세계다. 태어나려고 하는 자는 하나의 세계를 파괴하지 않으면 안 된다. 새는 신을 향해 날아간다. 신의 이름은 아프락사스다.

이 책은 새가 알을 깨고 나오듯, 주인공 독고준이 정신적 탄생을 겪게 되는 모험 이야기다. 독고준은 신과 인간 사이에서 갈등을 느끼며 자신에게 던져진 문제를 하나씩 풀어 간다. 독고준의 모습은 곧 여러분이 지금 또는 앞으로 겪어야 할 두 번째 탄생의 과정이다. 알을 깨고 나오는 게 고통스럽더라도 흔들리거나 주저하면 안 된다. 그래야 여러분에게 꿈을 펼칠 수 있는 날개가 돋기 때문이다.

수학을 공부하는 과정도 마찬가지다. 나는 수학을 왜 배워야 하는지 이유와 목적도 모른 채 좋은 성적만을 얻기 위해 앞만 보고 달리는 여러분에게 새로운 세상을 보여 주고 싶었다.

부끄럽게도, 우리나라 학생들은 전 세계에서 수학을 가장 싫어하고 있으며, 자신감도 가장 낮다고 한다. 수학을 배우는 진정한 의미를 모른다면, 여러분은 앞으로 수학이 괴롭고, 지겹고, 고통스러울 수밖에 없다. 수학을 공부하기 전에 수학이 왜 필요하며 어떻게 세상에 쓰이고 있는지, 수학을 잘하면 나는 어떻게 변할 수 있는지를 먼저 알아야 한다. 그래야 어른이 되는 제2의 탄생을 할 수 있다.

수학을 꼭 배워야 하는 이유는 백만 가지도 넘지만, 그 모든 이유를 한마디로 정리하면 이것이다.

수학은 세상을 현명하게 살 수 있는 방법을 가르쳐 준다.

수학에서 정답을 찾는 법보다 새로운 생각을 해낼 수 있는 능력을 키워야 한다. 정답을 맞히는 데에만 매달리지 말고, 문제 푸는 과정을 중요하게 여겨야 한다. 그래야 세상을 논리적으로 파악하는 능력이 키워진다.

머리로만 배우는 것은 진정한 공부가 아니다. 머리로 배우고 몸으로 익혀야만 진정한 공부가 된다. 여러분도 독고준과 함께 온몸으로 모험을 즐기면서 참다운 지식을 익히길 바란다. 아무리 머리가 뛰어나도 공부를 즐기는 학생은 이길 수가 없기 때문이다.

여러분의 친구 서지원

| 등장인물 |

독고준(호루스)

얼마 전까지 나는 평범한 초등학생이었어. 그런 내가 사실은 인류에게 수학의 비밀을 알려 준 이집트의 신 호루스였다니! 난 이제 세트에게 붙잡혀 간 엄마, 아빠 그리고 친구들을 구해야만 해!

세트

나는 형 오시리스를 죽이고 왕이 되려다가 호루스에게 내쫓기게 되었지. 하지만 호루스가 나를 공격하려 한다는 걸 알고 부하를 시켜 호루스를 인간의 몸속에 가두어 버렸어. 그런데 이 아이가 깨어나려 한다지 뭔가!

오시리스

나는 신들의 왕으로 아내 이시스와 함께 평화로운 이집트를 다스렸어. 죽은 후 지하 세계에 갇혀 죽은 자들의 세상을 다스리는 왕이 되었지. 그러다 자랑스러운 나의 아들 호루스가 태어났어.

라

나는 하늘을 지배하는 태양신이다. 매일 '수백만 년의 배'라 불리는 배를 타고 하늘로 올라가 낮 동안은 지상의 12주(12시간)를 비추고, 밤 동안은 명계의 12주를 여행했지. 나를 만나려거든 돌로 나타낸 태양광선인 거대한 오벨리스크 앞으로 오렴.

아케르

태양과 사후 세계를 지키는 신입니다. 태양이 떠오르는 동쪽과 저무는 서쪽의 지평선을 지키고 있는 이집트의 수호신이죠. 태양신 라의 명령으로, 호루스가 된 독고준의 옆을 지키게 되었습니다.

미노타우로스 & 하트셉수트

나 미노타우로스는 인간의 몸을 하고 얼굴과 꼬리는 황소의 모습이야. 얼굴에 수염을 붙여 남자 행세를 하며 왕위를 지킨 하트셉수트 여왕과 손잡고 이집트의 막강한 신이 되려고 해. 호루스가 우리 편이 된다면 이 세상은 우리 손아귀에 들어올 거야.

| 지난 줄거리 |

냉천초등학교 5학년 독고준은 밤마다 거대한 괴물이 자신의 눈알을 뽑는 악몽에 시달린다. 그리고 며칠 후 이집트 신화 속 오시리스가 찾아온다. 오시리스는 준에게 "내 아들 호루스야!"라고 부르더니, 이집트 신화의 세계로 데려간다. 준은 엄마, 아빠가 있는 현실 세상으로 돌아가기 위해 신들이 내는

수학 문제를 풀어야 한다. 악의 신 세트의 공격도 받고, 뱀에 몸이 휘감기는 위기도 맞는 등 우여곡절을 겪으며 준은 점점 수학의 비밀을 깨닫게 된다. 그러다 문득 물웅덩이에 비친 자신의 모습을 보고 소스라치게 놀라는데…….

Mission 1

오벨리스크의 문을 열어라

· 평면도형의 내각의 합 ·

미션 목표
- 삼각형의 내각의 합은 왜 180°일까?
- 사각형의 내각의 합은 왜 360°일까?

'맙소사…… 어떻게 된 거지?'

준은 독수리의 머리에 사람의 몸을 한 괴물로 변해 있었다. 준은 몇 번이고 자신의 얼굴을 매만져 보았다. 하지만 복슬복슬한 털은 사라지지 않았다.

'……아아, 내가 정말 호루스가 된 것일까? 오시리스가 말한 대로?'

준은 절망했다. 갑자기 《비밀의 열쇠》에서 본 글귀가 떠올랐다. 그 책에는 호루스가 하늘의 신이라고 적혀 있었다. 고대 이집트 신화에 따르면, 이시스는 남편 오시리스가 죽은 자의 나라로 떠나자 마법을 이용해 호루스를 임신했다고 한다. 호루스의 몸 속에는 죽은 자와 산 자의 피가 함께 흘러 엄청난 힘과 능력을 가지고 태어날 수 있었다. 게다가 오시리스의 용맹함과 이시스의 지혜로움까지 물려받아 전쟁마다 백전백승할 정도로 대단한 신이었다.

'나는 누구지? 신인 거야, 인간인 거야? 신이 인간의 몸으로 태어난다는 게 말이 돼?'

준은 금방이라도 엄마가 "밥 먹어야지!" 하며 자신을 부를 것만 같았다.

'엄마랑 아빠는 무얼 하고 계실까? 내가 사라진 걸 알고 몹시 걱정하시겠지…….'

친구들의 얼굴도 하나둘 스치고 지나갔다. 해맑은 미소로 웃던 혜리와 영재가 눈에 선했고, 담임선생님도 반 친구들의 얼굴도 떠올랐다. 준의 눈에서 눈물이 후두둑 떨어졌다.

'엄마, 아빠. 저를 잊으면 안 돼요. 전 죽지 않았어요! 애들아, 보고 싶다. 누구든 좋으니 나를 빨리 찾아 줘!'

고개를 떨구고 눈물을 흘리던 준은 바뀐 자신의 몸을 보았다. 짧고 가늘었던 팔다리가 쑥 자라 있었고, 마치 강철 갑옷을 입은 것처럼 단단한 근육으로 뒤덮여 있었다.

'내 몸이 왜 이렇게 된 거지?'

준은 당장이라도 집으로 돌아가고 싶었지만, 이 모습으로 나타나면 엄마, 아빠가 자신을 알아보지 못할 거라고 생각했

다. 돌아간다고 하더라도 자신을 알아볼 수 있는 사람이 없다고 생각하니 막막해졌다.

'내가 신이라니! 신 따위 되긴 싫어! 다시 인간으로 돌아갈 방법이 없을까?'

준은 두 손으로 머리를 감싸고 주저앉아 울음을 터뜨리고 말았다. 순간 거대한 에너지 덩어리가 준의 입에서 뿜어져 나왔다. 땅이 우르르 울리고, 하늘이 콰르릉 흔들렸다. 울음이 계속되자 바위에 쩍쩍 금이 갔고, 땅이 갈라지기 시작했다.

"으아아악! 날 원래대로 돌려놔! 신 따위는 되기 싫다고!"

그 순간 놀랍게도 준의 몸이 허공으로 붕 떠올랐다. 무섭고 어지러워 견딜 수가 없었다. 준은 하늘에다 화풀이하듯 분노에 가득 찬 주먹을 마구 휘둘렀다. 그러자 하늘이 갈라지는 것처럼 요란한 소리가 났다. 준은 땅으로 내려가 거대한 바위 동굴을 향해 주먹을 내리쳤다. 순간 "콰앙!" 하는 소리와 함께 눈앞의 바위 동굴이 산산조각 나고 말았다. 그런데도 준은 주먹에서 아무런 통증을 느끼지 않았다.

'내게 이런 힘이 있다니!'

힘뿐만이 아니었다. 준은 마치 새처럼 허공을 자유롭게 날아다니며 주먹을 휘둘렀다. 당장 눈앞에 보이는 모든 것을 짓

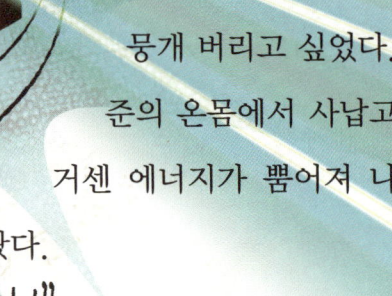

뭉개 버리고 싶었다. 준의 온몸에서 사납고 거센 에너지가 뿜어져 나왔다.

"으아악!"

준이 화풀이하듯 에너지를 내뿜으며 소리를 질러 대자, 동굴 안이 쩌렁쩌렁 울렸다.

그때였다. 바닥이 쩍 갈라지면서 다면체의 거대한 바위 하나가 치솟았다. 가운데에서 황금빛이 눈부시게 번쩍거렸다.

"넌 또 뭐냐!"

준은 바위를 향해 힘껏 주먹을 날렸다. 그런데 바위는 부서지기는커녕 꿈쩍하지 않았고, 오히려 준이 나동그라지고 말았다. 바위는 준에게 몇 배의 충격을 되돌려 갚는 것 같았다.

"뭐야, 짜증나게!"

준은 더 강한 힘으로 바위를 내리쳤지만, 오히려 강렬한 충격이 준의 몸에 전해졌다.

"으악!"

준이 소리를 지르며 바닥으로 나동그라졌을 때였다. 어둠 속에서 또각또각 발자국 소리가 들렸다. 고개를 천천히 들어 보니 지팡이를 짚은 할아버지가 서 있었다. 그 할아버지는 너무 늙어 제대로 서 있기도 힘들어 보였고, 피부는 소나무 껍질처럼 거칠고 딱딱해 보였다. 게다가 벌린 입가에서 침이 줄줄 새어 나오고 있었다.

"쯧쯧, 철없는 녀석. 이게 무슨 소란이냐."

할아버지는 혀를 끌끌 차며 고개를 저었다.

"누…… 누구시죠?"

준의 눈이 휘둥그레졌다.

"저 바위는 오벨리스크다. 신의 기둥이지. 지금의 너로서는 저 바위에 흠집 하나 낼 수 없을 게다."

할아버지는 거친 숨을 훅 내쉬었다.

"제가 여쭙잖아요. 누구시냐고요."

준이 따지듯 물었다.

"나는 '라'다. 하늘을 지배하는 태양신이지."

"라?"

"허허, 아무것도 모르는 풋내기 꼬마가 호루스라니. 이건 우주의 균형이 깨져서 일어난 사고군. 쯧쯧."

태양신 라가 한숨을 내쉬었다.

"할아버지가 신이라고요?"

"그래. 어쩔 테냐?"

"그럼 제발 저를 이 동굴에서 내보내 주세요. 저는 지구로 돌아가야 해요. 엄마, 아빠가 기다리신단 말이에요."

준은 라의 팔에 매달려 애원했다.

그러자 라는 입맛을 쩝 다시더니 입을 열었다.

"넌 네 부모를 전혀 닮지 않았구나."

"그 무서운 오시리스와 이시스를 말씀하시는 건가요?"

"그래, 그들은 신들조차 존경할 만큼 대단한 존재이지. 원래 호루스는 그런 부모를 쏙 빼닮은 늠름하고 용맹한 아이였어."

"전 호루스가 아니에요!"

"나도 너가 호루스라는 걸 믿고 싶지 않다."

"부탁이에요, 저를 돌려보내 주세요.

태양신 라는 준의 애원을 듣고 눈을 반짝이더니 말했다.

"네가 집으로 돌아가는 방법이 하나 있긴 하지. 바로 저 오벨리스크를 통과하는 거다. 저건 우주의 어느 곳이든 오갈 수 있는 문이거든."

"저 바위가요?"

준은 손을 뻗어 오벨리스크를 만져 보았다. 바위는 특별한 게 전혀 없고 그저 울퉁불퉁한 돌덩어리였다.

"할아버지, 농담하신 거죠?"

"쯧쯧, 도움을 줘도 믿지 않으니 원."

그때 오벨리스크에서 형광 빛이 뿜어져 나와 바위 면에 뭔가가 스르륵 새겨졌다.

"오벨리스크가 네게 기회를 주려는가 보군."

"이 문제를 풀면 집으로 돌아갈 수 있나요?"

준은 너무나 쉬운 문제라고 생각했다. 세 개의 끈을 서로 연결하면 금방 삼각형이 만들어질 것 같았다. 하지만 삼각형이 되리라는 것은 준의 착각이었다. 세 변의 길이가 잘 들어맞아야 삼각형이 되

기 때문이다.

"이 문제를 어떻게 풀어야 하죠?"

"지금 내게 답을 물어보는 게냐?"

라가 게슴츠레한 눈빛으로 준을 바라보았다.

준은 애원하듯 두 손을 꼭 모으며 말했다.

"제발 알려 주세요."

"안 돼. 그건 네 힘으로 알아내야지."

"할아버지, 제발요!"

그러나 태양신 라는 냉정하게 등을 돌렸다.

준은 답을 풀기 위해 곰곰이 생각에 잠겼다. 순간 오시리스가 했던 말이 머릿속을 스치고 지나갔다.

수학은 원리를 깨쳐야 한다. 한 가지 원리로 백 가지, 천 가지 문제를 풀어 내는 게 바로 수학이기 때문이다. 수학의 비밀을 여는 열쇠는 바로 원리에 있다.

준은 눈을 감고 조용히 생각에 잠겼다.

삼각형의 성립 조건은
가장 긴 변의 길이가 나머지 두 변의 길이의 합보다
작아야 한다.

"삼각형이 되려면 두 변의 길이의 합이 가장 긴 변의 길이보다 커야겠죠?"

순간 걸음을 옮기던 라가 우뚝 멈추어 섰다. 라의 입가에 묘한 웃음이 번졌다.

"허허, 보기보다 똑똑하군."

그때였다. 오벨리스크에 붉은빛이 감돌더니 다시 문제와 삼각형, 사각형 그림이 나타났다.

"이건 또 뭐죠?"

준이 라를 향해 물었다.

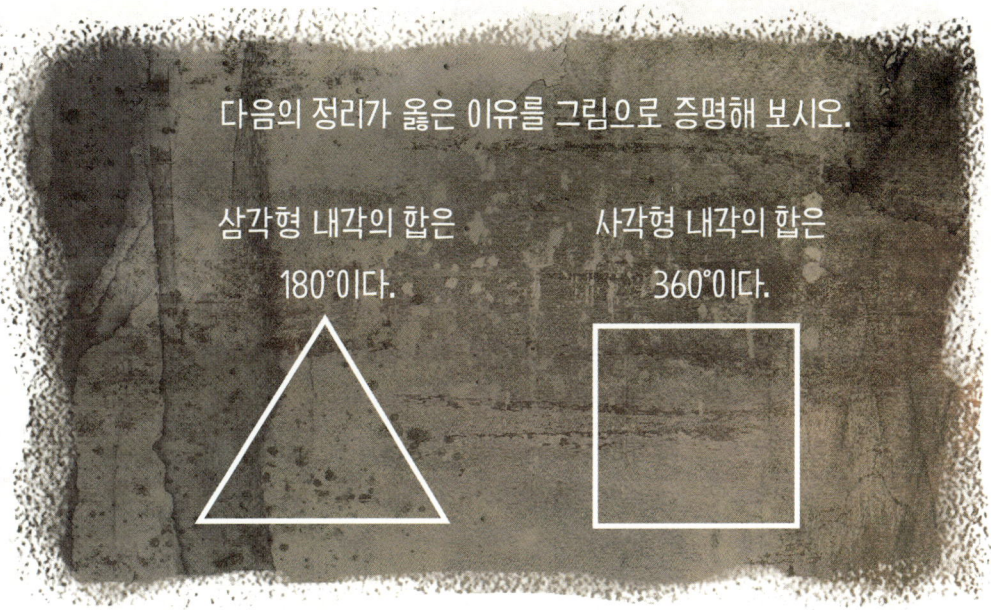

"누군가가 삼각형과 사각형의 내각의 합을 알아냈지. 어떻게 알아냈는지를 네게 묻는 것 같구나."

"그거야 뭐, 각도기로 알아냈겠죠."

라의 말에 준은 서슴없이 대답했다.

하지만 라는 고개를 저었다.

"세상의 모든 삼각형과 사각형을 각도기로 일일이 재어 볼 수는 없다. 삼각형과 사각형의 모양이 무한대로 많은데, 어떻게 각도기로 다 재어 보겠느냐? 네가 오벨리스크를 통해 집으로 돌아가고 싶다면 이 문제를 풀어야만 한다."

라는 그렇게 말하고 삼각형 모양의 돌멩이를 준에게 내밀었다.

준은 돌멩이를 들여다보았지만 뾰족한 방법이 떠오르지 않았다. 준은 초조한 얼굴로 돌멩이를 바라보기만 했다. 주변이 점점 어두워져 갔다. 기다리는 게 지루해진 라는 바위에 걸터앉았다. 한 시간, 두 시간……. 준은 돌멩이를 말없이 쳐다볼 뿐이었다.

"포기하겠느냐?"

"제발 답을 가르쳐 주세요."

"글쎄다……."

라는 하품을 하며 대꾸했다.

준은 화가 나 견딜 수가 없었다. 라의 말 한마디 한마디가 자신을 놀리는 것만 같았다.

"이따위 돌멩이로 어떻게 삼각형과 사각형의 비밀을 알아낼 수 있겠어요! 저를 집으로 돌려보내지 않으려는 수작이죠?"

준이 참지 못하고 라에게 버럭 소리쳤다.

"생각은 자유다."

"돌려보내 주세요. 절 원래대로 돌려놓으란 말이에요!"

준은 화가 치밀어 손에 쥐고 있던 삼각형 모양의 돌멩이를 바닥에 내던졌다. 그러자 돌멩이가 세 개로 쪼개지고 말았다.

"저더러 어떻게 하란 거죠? 왜 자꾸 저를 이런 시험에 들게 하는 건가요?"

준은 고개를 숙이고 눈물을 뚝뚝 흘렸다. 흐릿해진 시야 사이로 세 개로 나뉜 돌 조각이 보였다. 순간 준의 머리에 퍼뜩 떠오르는 게 있었다.

"그래, 세 개의 돌 조각을 서로 맞춰 보는 거야. 세 개의 각을 모두 붙여 보면 직선이 나오지! 직선은 180°잖아! 그러니까 삼각형의 내각의 합은 180°야!"

준은 똑같은 방법으로 삼각형 모양의 돌멩이를 던져 세 개로 쪼개고 돌 조각으로 사각형을 만들어 보았다.

"어떤 사각형이라도 삼각형 두 개를 붙여서 만들 수 있어! 정사각형, 직사각형, 마름모, 평행사변형 등 어떤 사각형도 마찬가지야! 삼각형 내각의 합이 180°라는 걸 증명했으니까, 삼각형을 두 개 모은 사각형은 180°+180°=360°야!"

준은 돌멩이로 삼각형의 내각과 사각형의 내각을 모은 모습을 오벨리스크 벽면 한가운데에 그려 넣었다.

그러자 거대한 오벨리스크가 부르르 진동하는 게 아닌가. 그리고 바위기둥 가운데에서 나오는 황금빛이 붉은빛으로 바뀌었다가 다시 푸른빛으로 변했다.

"비밀을 쉽게 알아내다니. 확실히 네가 신이었던 모양이구나. 오시리스가 헛소리를 한 건 아니었어. 그런데 어째서 기억

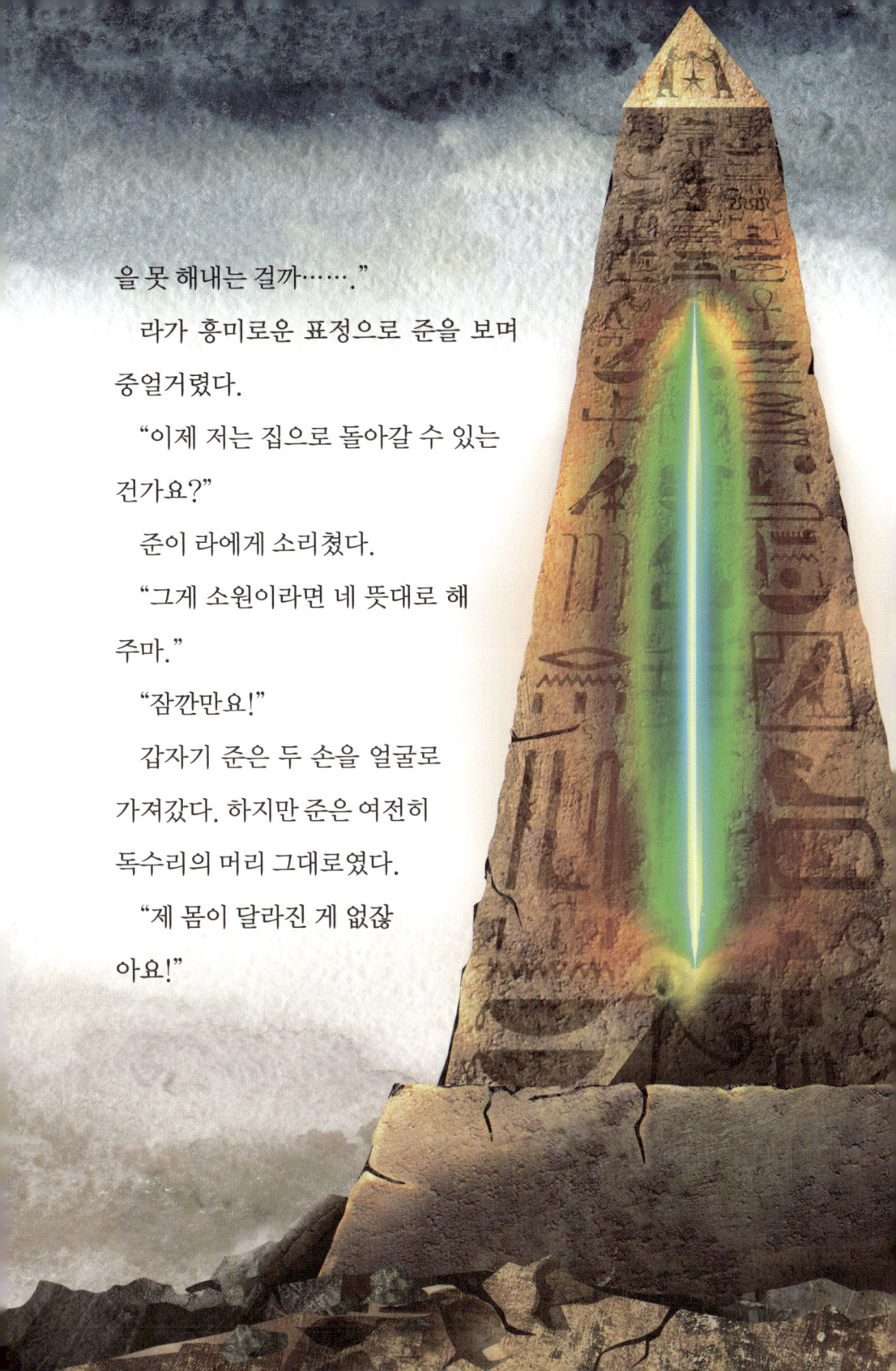

을 못 해내는 걸까…….”

 라가 흥미로운 표정으로 준을 보며 중얼거렸다.

 "이제 저는 집으로 돌아갈 수 있는 건가요?"

 준이 라에게 소리쳤다.

 "그게 소원이라면 네 뜻대로 해 주마."

 "잠깐만요!"

 갑자기 준은 두 손을 얼굴로 가져갔다. 하지만 준은 여전히 독수리의 머리 그대로였다.

 "제 몸이 달라진 게 없잖아요!"

"난 오벨리스크를 통해 어디든 갈 수 있다고만 했지, 네 몸이 바뀔 거라고 한 적은 없다."

"세상에!"

준은 자리에 털썩 주저앉고 말았다. 희망은 사라지고 다시 어두컴컴한 절망 속에 갇힌 것 같았다.

하지만 그 모습을 본 라는 낄낄거렸다. 마치 준을 약 올리는 듯한 웃음이었다.

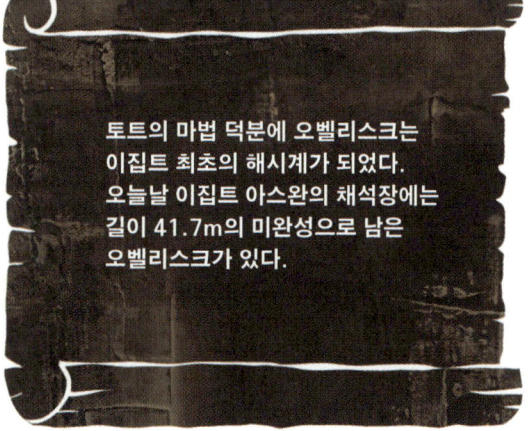

Mission 2

까마귀 떼의 습격을 막아라

· 평면도형의 성질 ·

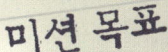
미션 목표
- 평행사변형을 사다리꼴이라고 할 수 있을까?
- 사다리꼴을 직사각형이라고 할 수 있을까?

　스스로 하늘과 땅의 절대적 지배자이며 태양신이라고 한 라는 오벨리스크를 정성스럽게 쓰다듬었다. 그러자 오벨리스크에서 눈부신 빛이 뿜어져 나왔다. 순간 "쩍!" 소리와 함께 오벨리스크가 두 조각으로 갈라졌다. 갈라진 틈 사이로 새까만 어둠이 잠들어 있었다.

　준은 몇 발자국 뒤로 물러났다. 그곳에는 끝없이 펼쳐진 우주가 있었다. 은하계와 수많은 은하들이 우주에서 유리알처럼 반짝였다. 마치 홀로그램과 같은 영상이 펼쳐지자 준은 입을 다물지 못했다.

　"어디 보자, 네가 살던 지구란 곳이 저기에 있구나. 저렇게 작은 행성에 살던 녀석이라니. 네가 정말 호루스가 맞긴 한 거냐?"

"저곳이 지구라고요?"

"그래, 그 옆에 있는 게 화성이고."

"맞아요!"

준은 감탄을 터트렸다.

"저기로 가고 싶다고?"

"네!"

준은 어떻게 하면 되겠느냐는 표정으로 라를 쳐다보았다.

"뭐 어려운 건 아니다만……. 네가 지구로 돌아간다면 그곳에 있는 부모는 만날 수 있겠지. 하지만 이곳에 남아 있는 네 아버지 오시리스와 어머니 이시스는 슬픔에 빠질 게다."

"그들은……."

"네 부모가 아니라고?"

준은 자신의 속마음을 알아챈 라의 눈길을 피해 고개를 돌렸다.

"이래서 자식은 낳아 봤자 아무 쓸모없다는 소릴 듣는 게야. 너를 다시 신으로 부활시키려고 네 아버지와 어머니는 엄청난 걸 희생했다고."

"희생이라고요?"

"그래, 넌 절대 모르겠지만……."

준은 고개를 저었다.

"저는 신이 아니에요. 그분들이 제 진짜 부모님도 아니고요. 설마 제가 신이라고 해도 지구로 돌아갈래요. 제가 전지전능한 능력을 가졌다고 해도 다 필요 없어요. 고통과 슬픔만 끝없이 밀려오는 걸요."

"신이란 원래 고통과 슬픔의 바다에 빠져 있는 존재지."

라가 울림이 있는 목소리로 말하고는 준의 머리에 손을 얹었다.

"호루스야, 그래서 신의 능력을 버리고 다시 보잘것없는 인간으로 돌아가겠다는 게냐? 지금 네가 가진 능력이면 지구인을 모조리 쓸어버릴 수 있는데, 그 개미들보다 못한 존재로 다시 돌아가겠다는 게야?"

"할아버지한테는 개미로 보일지 몰라도, 저한테는 제 모든 것이에요. 부모님과 친구들이 보고 싶어 미치겠어요. 단 하루를 살더라도 지구에서 살고 싶어요."

라는 끌끌 혀를 찼다. 그때였다. 동굴 벽에서 누군가가 불쑥 튀어나왔다. 머리에 뿔이 달려 있고, 눈매가 옆으로 쭉 찢어진 여자였다. 여자는 얼핏 상냥한 듯 보였지만 준을 보는 눈빛이 몹시 싸늘했다. 준이 겁 먹은 듯 얼어 있자 여자가 친근하게 말을 걸었다.

"놀라지 마. 난 '하토르'라고 한단다."

"하토르요?"

"원래 이름은 '세크메트'였는데 사나워 보여서 사랑스러운 이름으로 바꿨어. 어때, 사랑스럽게 느껴지지 않니?"

"그, 그러네요. 그보다도…… 하토르, 부탁이에요. 저를 집으로 보내 주세요."

준이 성큼 앞으로 다가서며 사정했다.

하토르는 준에게 안심하라는 듯 손을 내젓더니 라를 보며 말했다.

"아버지, 이제 그만 이 아이를 보내 주세요. 이 아이는 돌아가고 싶어 하잖아요. 신이 되는 것을 중요하게 여기지 않는 아이라고요."

라가 망설이자, 하토르가 라의 옆구리를 툭 쳤다.

"알겠어, 알겠다고."

라가 어깨를 으쓱해 보이며 대답했다.

준은 그런 하토르가 눈물 나게 고마웠다.

라는 준에게 손을 내밀라고 했다.

준이 조심스럽게 손바닥을 펼치자, 라가 손바닥 위에 검은 무늬 사자가 새겨진 반지와 은빛 새 모양의 목걸이를 올려 놓았다.

"이걸 왜……."

준이 주춤하는 사이, 반지가 준의 손가락에 스르륵 끼워졌고 목걸이도 준의 목에 저절로 걸렸다.

"네게 주는 마지막 선물이다."

라가 씁쓸한 목소리로 말했다.

"위험할 때 쓸모 있을 거야."

하토르가 거들었다. 그러는 동안 라는 오벨리스크의 틈으로 손을 넣어 쩍 벌렸다. 틈 사이로 검은 공간이 더욱 커졌다. 그것은 마치 우주로 들어가는 입구 같았다.

"여기로 들어가면 되나요?"

라는 아무 말도 하지 않고 고개만 끄덕였다.

준은 오벨리스크 앞으로 한 걸음 다가갔다. 이제 한 걸음만 더 내디디면 끝없이 펼쳐져 있는 우주로 가게 된다.

준은 긴장했는지 침을 꿀꺽 삼켰다.

"정말 집으로 돌아가는 거죠?"

준은 라를 돌아보며 확인하듯 물었다.

라가 어서 들어가라는 듯 손짓을 했다.

"아빠, 엄마!"

준은 소리치며 용기를 내 한 발자국 뗐다. 순간 준의 몸이 엄청난 속도로 우주를 향해 빨려 들어가면서 불에 타는 것처럼

뜨거워졌다.

"으아악!"

준은 고통스러웠지만 이를 악물었다. 부모님의 얼굴이 눈앞에 어른거렸기 때문이다. 준은 엄청난 고통을 느끼며 눈을 부릅떴다. 순간, 누군가 준을 흔드는 것 같았다.

"지금 뭐 하는 거야? 아직도 안 일어나다니, 동네 열 바퀴를 돌아야 정신을 차리겠어?"

뿌옇게 흐리던 준의 눈앞이 조금씩 밝아졌다. 안개처럼 뿌옇긴 했지만 엄마의 얼굴이 어른거렸다.

"엄마!"

준은 엄마를 와락 끌어안았다.

"얘가 갑자기 왜 이래?"

엄마가 준을 밀어내며 두 눈을 휘둥그레 떴다.

"왜 그러긴, 당신한테 기합 받기 싫으니까 작전을 쓰는 거지."

거실에서 아빠의 목소리가 들려왔다. 아빠

는 책에다 고개를 파묻고 있었다.

"당장 일어난다, 실시!"

엄마가 준의 머리를 콕 쥐어박으며 말했다.

준은 금방이라도 눈물을 쏟을 것 같은 표정으로 엄마를 쳐다보았다.

"오늘따라 얘가 왜 이래?"

엄마가 고개를 갸웃했다.

준은 엄마를 껴안으려고 손을 뻗으려다가 손가락에 끼어진 반지를 보자 흠칫했다. 목덜미를 만져 보니 목걸이도 걸려 있었다. 컴컴한 동굴에서 라를 만났던 게 꿈이 아니었다는 증거였다.

'정말 끝난 거겠지? 이제 난 엄마, 아빠의 아들 독고준으로 평생 지구에서 살 수 있겠지?'

준은 엄마의 허리를 꼭 끌어안으며 말했다.

"엄마! 정말 보고 싶었어요."

준이 평소와 다르게 이상한 말을 늘어놓자, 아빠가 고개를 갸웃하며 방 안으로 들어왔다.

"아들, 왜 그래? 엄마랑 아빠한테 큰 죄라도 지었어?"

"아니에요."

"그나저나 너, 오늘 학교에 안 가도 되는 날이야?"

"학교……? 아, 모든 게 원래대로 돌아왔군요. 다행이다, 다행이야."

준이 참지 못하고 울먹거리자, 아빠는 당황해서 눈을 휘둥그레 떴다.

"준아."

"아빠, 제가 아빠랑 엄마를 얼마나 사랑하는지 아시죠?"

"갑자기 왜 이러는 거야?"

"늦었다, 학교에 가야겠어요. 다녀올게요."

준은 허겁지겁 침대에서 일어나 욕실로 뛰어갔다. 거울을 본 준은 안도의 한숨을 내쉬었다. 독수리의 머리로 변했던 모습은 사라지고 원래 얼굴 그대로였다. 믿을 수 없었지만, 모든 게 그대로였다.

'내가 악몽을 꿨던 걸까?'

준은 거울을 바라보며 중얼거렸다. 가슴 한쪽이 뭉클해지는 것 같았다. 자신을 둘러싼 이 모든 게 고맙다는 생각이 들었다. 세수를 할 수 있다는 것, 엄마가 차려 준 아침밥을 먹을 수 있다는 것, 학교를 갈 수 있다는 것이 모두 고맙게 느껴졌다. 준이 천천히 세수를 하고 있는데 영재의 목소리가 들려왔다.

"준아, 학교 가자!"

준은 물기도 닦지 않은 채 현관으로 뛰어나갔다.

"영재야, 보고 싶었어!"

"어?"

영재가 어리둥절한 표정으로 준을 보았다.

"내가 널 얼마나 좋아하는지 알지? 넌 세상에서 가장 소중한 친구야."

"그, 그래."

영재는 준 엄마의 눈치를 살피더니 낮은 목소리로 물었다.

"준아, 너 충격 먹었어?"

"응?"

"꿈에서 그 괴물들한테 당했던 거야? 그래서 정신이 휙 돌아 버린 거냐고."

"그런 거 아니야."

"그럼 왜 그래? 아이고, 불쌍한 준. 내가 얼른 부적을 만들어 줄게."

영재가 준의 어깨를 토닥거렸다.

준은 그런 영재를 보고 피식 웃음을 터뜨렸다. 참으려 했지만 자꾸 웃음이 새어 나왔다. 만약 준이 호루스로 변해 우주 저 건너편까지 다녀왔다는 걸 영재가 알면 어떤 표정을 지을까?

학교 가는 길에 장난을 치던 준과 영재는 결국 학교에 지각하고 말았다. 선생님은 지각한 벌로 화장실 청소를 하라고 했다. 영재는 겨우 5분을 늦었을 뿐인데 화장실 청소를 시킨다며 부루퉁해져서 투덜거렸다.

하지만 준은 헤벌쭉 웃음을 지으며 크게 소리쳤다.

"네, 선생님. 열 번이고, 백 번이고 하겠어요!"

"준아, 너 갑자기 왜 그래? 어디 아픈 거 아냐?"

혜리가 고개를 갸웃하며 준의 이마에 손을 갖다 댔다.

"아무것도 아니야. 수업 시작하겠다. 어서 준비하자!"

준이 콧노래를 흥얼거리며 책을 펼쳤다.

"영재야, 쟤 왜 저러는 거니?"

"나도 몰라."

"참, 준아, 아빠는 이집트에 잘 가셨어?"

혜리가 생각났다는 듯 물었다.

'이집트? 그러고 보니 이집트로 떠난 아빠가 집에 계시네? 어떻게 된 거지?'

준은 고개를 갸웃했다.

"너희 둘, 나 몰래 데이트라도 하는 거야? 뭘 그렇게 소곤소곤 얘기하는 거야?"

영재가 불쑥 끼어들며 물었다.

"데이트는 무슨!"

"너, 요즘 혜리하고 부쩍 친하게 지내는 것 같아."

영재가 눈을 요리조리 굴리며 말했다.

준은 자기도 모르게 얼굴이 확 달아오르는 것 같았다.

"준아, 너희 아빠 이제 괜찮으셔? 얘네 아빠, 비행기에서 장염에 걸리셨대. 배가 아파 데굴데굴 구르면서 이집트로 못 갈

상황이어서 결국 응급처치만 하고 다시 돌아오셨대.”

"정말? 영재 네가 준보다 더 잘 안다.”

"어제 엄마가 준이 엄마랑 통화하는 거 들었지.”

'그랬구나…….'

준은 꿈인지 현실인지 모를 엄청난 일을 겪어 다른 생각을 할 겨를이 없었다.

"뭐야, 아빠가 편찮으시다는데 넌 별로 걱정 안 하는 것 같다?”

"아냐, 그런 게 아니라 생각할 게 많아서…….”

준은 집에 돌아가면 아빠한테 괜찮은지 여쭤 봐야겠다고 생각했다.

"어쨌든 아빠가 모처럼 집에 머물게 되셨으니까 이참에 아빠랑 좀 친해져 봐.”

혜리가 준의 어깨를 툭툭 두드리며 말했다.

때마침 선생님이 들어왔다. 이번 수업은 수학 시간이었다. 준은 동굴 속에 갇혀 문제를 풀어야 했던 순간이 떠올랐다. 자신에게 수학의 진리를 깨치라며 소리치던 이시스와 오시리스의 얼굴도 스쳤다.

'에이, 왜 하필 수학이야. 오늘만큼은 수학 공부하기 싫은데……. 그나저나 이시스와 오시리스는 어떻게 지내고 있을까?

진짜 아들 호루스를 찾으면 좋을 텐데…….'

준이 이런 생각을 하고 있을 때였다.

"모두 조용히! 이 부분은 중요하니까 꼭 알아 두세요."

선생님이 손등으로 칠판을 탁탁 두드렸다.

준은 설명을 듣는 대신 반 친구들의 얼굴을 훑어보았다. 선생님 몰래 간식을 먹는 아이도 있었고, 수학 공책에다가 낙서를 하는 아이도 있었다. 혜리는 눈을 반짝이며 수업을 듣고 있었고, 영재는 침까지 흘리며 엎드려 졸고 있었다.

'다행이야. 모든 게 그대로야.'

준은 냉천초등학교 5학년 3반이 달라진 게 없다는 걸 확인하고 가슴을 쓸어내렸다.

"자, 집중!"

선생님은 칠판에 여러 가지 모양의 삼각형들을 그렸다. 정삼각형, 이등변삼각형, 직각삼각형, 둔각삼각형, 예각삼각형이었다.

"이 다섯 가지 삼각형은 꼭 알아 둬야 해요."

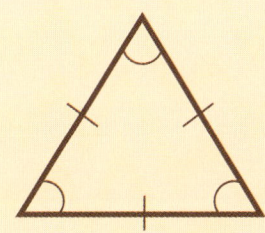

"세 변의 길이가 같은 삼각형을 정삼각형이라고 해요. 정삼각형은 세 변의 길이가 같고, 세 각의 크기가 모두 같아요."

"이건 이등변삼각형이에요. 두 변의 길이가 같은 삼각형이지요. 이등변삼각형의 두 밑각의 크기는 같아요. 그리고 이등변삼각형에서 꼭지각의 이등분선은 밑변을 수직이등분해요."

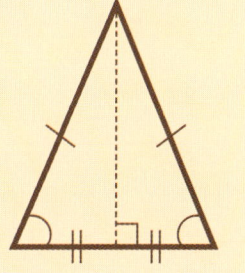

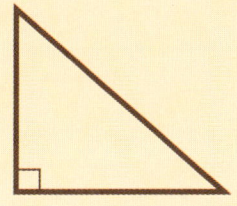

"이건 직각삼각형이에요. 세 개의 각 중에서 한 각이 90°인 직각이면 직각삼각형이라고 해요."

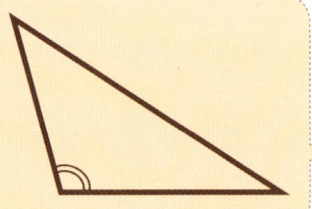 

"이건 둔각삼각형이에요. 세 개의 각 중에서 각 한 개의 크기가 90°보다 큰 삼각형이에요."

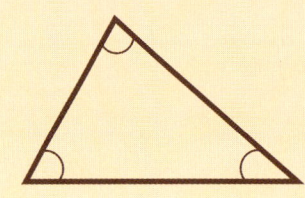 

"이건 예각삼각형이에요. 세 개의 각이 모두 90°보다 작은 삼각형이지요."

목이 터져라 설명하던 선생님이 갑자기 말을 멈췄다. 아이들이 집중하지 않는다고 생각했기 때문이다. 긴장한 아이들이 선생님의 눈치를 살폈다.

"다들 주목! 수학은 기초가 중요하다고 몇 번을 말해요? 지금 설명한 걸 모르면 중학교, 고등학교 가서 수포자가 된다니까요! 수포자! 수학을 포기한 자!"

선생님은 다시 칠판을 탁, 탁, 탁 쳤다. 그 소리에 졸던 아이들이 깜짝 놀라 눈을 떴다. 영재는 입가에 고인 침을 얼른 닦고는 아무 일도 없었다는 듯 태연하게 입맛을 쩝쩝거렸다. 이런저런 생각에 정신이 팔려 있던 준도 칠판을 쳐다보았다.

"흠, 문제를 하나 낼게요. 조금 어렵겠지만, 한 번 깊이 생각해 봐요. 정삼각형을 이등변삼각형이라고 할 수 있을까요?"

선생님은 아이들을 둘러보았다. 역시 아무도 대답하지 않았다. 선생님이 무슨 질문을 하는지조차 알지 못하는 아이들이 많았다.

"어렵긴 어려운 문제죠. 선생님이 13년 동안 이 문제를 내 봤지만 한번에 대답한 친구가 한 명도 없었으니……."

"네, 맞아요."

준이 대답했다.

선생님과 아이들이 일제히 준을 쳐다보았다.

"독고준, 지금 뭐라고 했니?"

"정삼각형은 이등변삼각형이라고 할 수 있다고요."

선생님은 안경을 고쳐 쓰며 눈에 힘을 주고 준을 똑바로 바라보았다. 믿을 수 없다는 표정이었다.

"준아. 왜 그렇게 생각하지?"

"그건……."

"그냥 찍은 거지요 뭐. 운으로 맞힌 거예요."

영재가 불쑥 끼어들었다.

"맞아, 준이 답을 맞힐 리 없지."

혜리도 한마디 거들었다.

그러자 준이 억울하다는 듯 주먹을 쥐며 소리쳤다.

"아니야, 저 문제는 이등변삼각형과 정삼각형의 차이점을 알면 풀 수 있는 거야. 이등변삼각형은 두 변의 길이가 같은 삼각형이고, 정삼각형은 세 변의 길이가 같은 삼각형이야. 그게 이등변삼각형과 정삼각형의 정의라고."

"정말?"

영재가 눈을 깜빡거렸다. 준이 이번에는 선생님을 쳐다보며 말을 이었다.

"또 이등변삼각형은 두 밑각의 크기가 같아요. 정삼각형은 세 각의 크기가 모두 60°로 같고요. 이것을 이등변삼각형과 정삼각형의 성질이라고 해요."

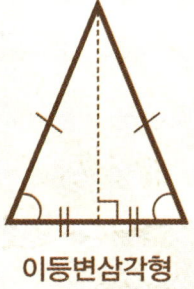
이등변삼각형

정삼각형

친구들의 입에서 "와!" 하는 감탄이 터져 나왔다.

"하지만 이등변삼각형은 정삼각형이라고 할 수 없어요."

준의 마지막 말이 더해지자 교실은 찬물을 끼얹은 것처럼 조용해졌다. 아이들은 '지금 무슨 일이 벌어진 거지?' 하는 표정이었다.

"아하하하! 그래, 맞다, 맞아. 어쩌면 이렇게 예습을 잘해 왔을까? 준이가 하루 사이에 완전히 변했네! 천재가 됐네, 수학 천재!"

선생님이 안경을 슬쩍 고쳐 쓰며 놀라워 말했다.

"준아, 선생님이 문제를 하나 더 내 볼 테니 풀어 보겠니?"

"좋아요."

어디서 자신감이 솟았는지, 준이 고개를 끄덕이며 당당하게 대답했다.

"평행사변형을 사다리꼴이라고 할 수 있을까?"

"네."

"어째서?"

"평행사변형은 서로 마주 보는 두 변이 각각 평행한 사각형이고, 사다리꼴은 한 쌍의 마주보는 변이 평행한 사각형이에요. 그래서 평행사변형은 사다리꼴이 될 수 있지요."

평행사변형   사다리꼴

준의 대답이 끝나자, 반 아이들의 입에서 "오!" 하는 감탄이 폭죽처럼 터져 나왔다.

"그, 그래. 정말 잘했다!"

선생님이 어색하게 웃더니 갑자기 아이들에게 숙제를 냈다.

"오늘 숙제는 집에서 풀어 오도록 해요."

1. 정사각형을 직사각형이라고 할 수 있을까?
2. 직사각형을 마름모라고 할 수 있을까?
3. 평행사변형을 사다리꼴이라고 할 수 있을까?
4. 사다리꼴을 직사각형이라고 할 수 있을까?

아이들이 책상을 두드리며 "어휴. 이건 문제가 아니라 암호네, 암호." 하고 한숨을 터뜨렸다. 선생님은 아랑곳하지 않고 서둘러 수업을 마쳤다.

준은 고개를 숙인 채 아무하고도 눈을 마주치지 않으려고 애썼다. 선생님을 비롯해 반 아이들이 수상한 눈빛으로 준을 바라보았기 때문이다.

그날 오후, 수업을 마치고 집으로 돌아가고 있을 때, 혜리가 불쑥 다가오더니 어떤 방법으로 예습을 했느냐고 캐물었다. 학원에 다니고 있냐고, 아니면 과외를 받는 거냐고 꼬치꼬치 물었다.

"그런 거 아니야."

"그럼 어떻게 답을 알아냈어?"

"그냥 저절로……."

준도 마음속으로 '이상해, 내가 어떻게 답을 알았지?' 하고 생각했다. 신들과 함께 지낸 것 때문에 이상한 지식이 생긴 건 아닐까, 하는 생각이 들자 가슴이 서늘해졌다.

준은 굳은 표정으로 다시 발걸음을 옮겼다. 호주머니에 집어넣은 손에서 반지가 만져졌다. 손가락에 낀 반지를 빼려고 했지만 어찌 된 영문인지 반지는 꿈쩍도 하지 않았다. 목에 건 은빛 새 모양 목걸이도 풀 수가 없었다.

'집에 가자마자 어떻게 해서든지 이걸 풀어야겠어.'

준은 서둘러 발걸음을 옮겼다. 그때였다.

"와, 저길 봐! 나무가 새카맣게 변했어."

아이들이 운동장에 서 있는 나무를 가리켰다.

"까악, 까악, 까악!"

귀청을 때리는 소리가 났다. 까마귀 수백 수천 마리가 나무 위에 새카맣게 앉아 있었다. 저쪽 하늘에서 더 많은 까마귀 떼가 날아오고 있었다.

"무서워."

여자아이들이 몸을 움츠리며 도망쳤다.

"무슨 일이 벌어질 것 같아. 아주 나쁜 징조야."

혜리가 두려움에 떨며 말했다. 그때였다.

"으아아악! 으악!"

아이들이 날카로운 비명을 질렀다.
준은 옆을 돌아보았다. 학교 유리창에 비친 자신의 머리가 독수리로 변해 있었다.

하토르의 두 얼굴

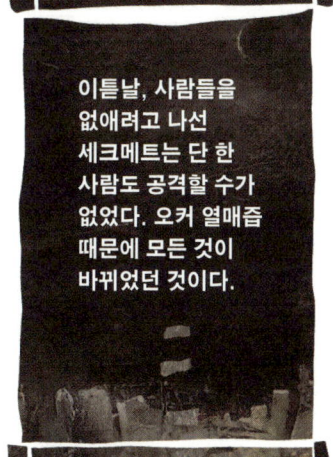

Mission 3

도플갱어의 합정에서 벗어나라

· 선대칭과 점대칭 ·

미션 목표
선대칭과 점대칭은 어떻게 다를까?

까악, 깍!

까마귀 떼가 먹구름처럼 하늘을 뒤덮었다. 그 바람에 밝은 빛이 가려지고 주변이 어두컴컴해졌다.

놀란 아이들이 밖으로 우르르 뛰어나와 하늘을 쳐다보았다.

"이게 웬일이야?"

"하늘이 완전 새카맣게 변했어!"

"와, 까마귀들이 우릴 잡아먹으려는 것 같아!"

아이들은 입을 쩍 벌리고 어깨를 움츠렸다. 놀란 건 선생님들도 마찬가지였다. 선생님들은 119에 전화를 해야 한다며 우왕좌왕했다.

까마귀 몇 마리가 까악거리며 땅 쪽으로 낮게 날았다. 누군가를 찾는 것 같았다.

그때 준은 놀이터에 있는 터널 미끄럼틀 안에 숨어 있었다. 준은 손으로 얼굴을 가리며 몸을 떨었다.

"독수리로 변하다니……. 애들이 날 보면 뭐라고 할까."

준이 떨리는 목소리로 중얼거릴 때였다.

영재가 터널 미끄럼틀 안으로 고개를 집어넣더니 준에게 외쳤다.

"준아, 밖에 엄청난 일이 벌어졌어."

"어?"

"까마귀가 엄청 많아."

"그, 그래."

준은 얼굴을 감추며 말했다.

"뭐야, 너 겁먹었어?"

영재가 터널 안으로 기어 들어오려는데, 준이 저리 가라며 소리쳤다. 그러자 영재가 피식 웃음을 터뜨렸다.

"야, 어린애도 아닌데 새한테 겁먹은 거야?"

"그게 아니고……."

준은 두 손으로 얼굴을 가리며 몸을 더욱 움츠렸다. 그런데 이상한 느낌이 들었다. 털이 북슬북슬해야 할 얼굴이 매끄러웠다.

"영재야, 내 얼굴 어때 보여?"

"네 얼굴? 그야 못생겼지."

영재가 깔깔 웃으며 대답했다.

"그러지 말고, 똑바로 대답해 줘."

"갑자기 왜 그래?"

아까 창문에 비친 모습과는 달리, 손으로 쓰다듬어 본 얼굴은 아주 멀쩡했다.

"휴대 전화 좀 줘 봐."

영재가 주머니에서 휴대 전화를 꺼내서 내밀자, 준이 셀프 카메라 모드를 켜고 자신의 얼굴을 비추었다. 그런데 화면에 비친 준의 얼굴은 독수리의 머리를 한 호루스였다.

"으악!"

놀란 준은 휴대 전화를 바닥에 떨어뜨리고 말았다. 다행히 영재가 바닥으로 곤두박질치려는 휴대 전화를 아슬아슬하게 낚아챘다.

"왜 그래? 부서질 뻔했잖아! 엄마한테 겨우 얻어 낸 휴대 전화란 말이야."

화가 난 영재가 입을 삐죽거렸다.

"내, 내 얼굴이……."

"네 얼굴이 뭐가 어쨌다는 거냐고."

준이 겁에 질린 표정으로 얼굴을 손바닥으로 가렸다.

"준아, 영재야, 이리 와 봐. 하늘에 뭐가 떠다녀!"

혜리의 목소리가 들려왔다.

영재는 "뭐가?" 하며 얼른 밖으로 뛰어나갔다.

준은 그 사이 다시 얼굴을 더듬어 보았다. 여전히 매끄러운 살갗이 만져졌다.

'이게 어떻게 된 일이지?'

준은 몇 번이고 얼굴을 쓰다듬어 보고 나서 밖으로 기어 나왔다.

'거울로 직접 확인해야겠어.'

준이 부랴부랴 화장실로 가려는데, 운동장 한가운데에 아이들이 모여 있는 게 보였다. 아이들은 모두 고개를 치켜든 채 하늘을 쳐다보고 있었다.

"준아, 하늘 좀 봐!"

혜리와 영재가 손가락으로 하늘을 가리키며 준을 불렀다.

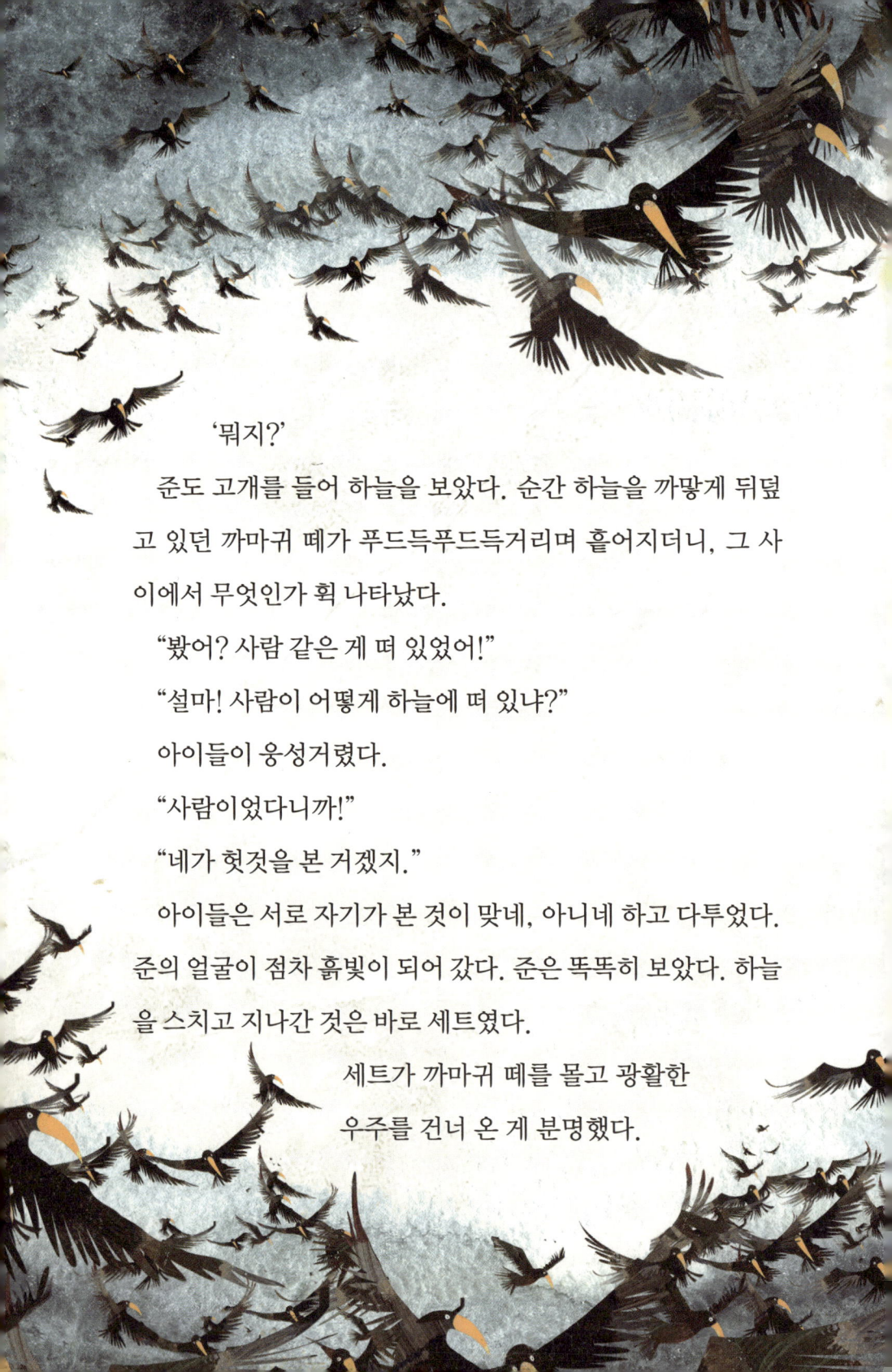

'뭐지?'

준도 고개를 들어 하늘을 보았다. 순간 하늘을 까맣게 뒤덮고 있던 까마귀 떼가 푸드득푸드득거리며 흩어지더니, 그 사이에서 무엇인가 휙 나타났다.

"봤어? 사람 같은 게 떠 있었어!"

"설마! 사람이 어떻게 하늘에 떠 있냐?"

아이들이 웅성거렸다.

"사람이었다니까!"

"네가 헛것을 본 거겠지."

아이들은 서로 자기가 본 것이 맞네, 아니네 하고 다투었다. 준의 얼굴이 점차 흙빛이 되어 갔다. 준은 똑똑히 보았다. 하늘을 스치고 지나간 것은 바로 세트였다.

세트가 까마귀 떼를 몰고 광활한 우주를 건너 온 게 분명했다.

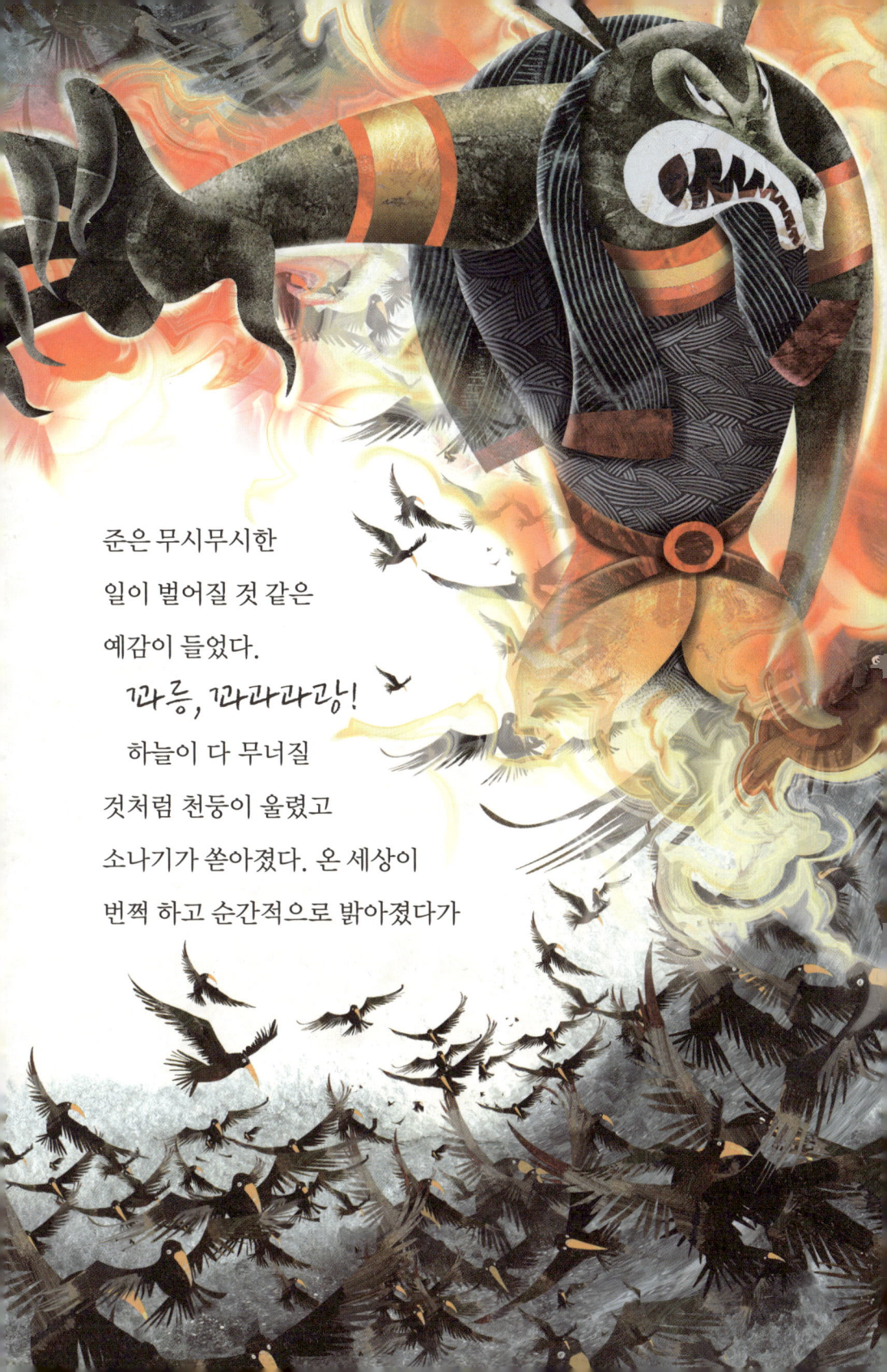

준은 무시무시한
일이 벌어질 것 같은
예감이 들었다.
꽈릉, 꽈과과광!
　하늘이 다 무너질
것처럼 천둥이 울렸고
소나기가 쏟아졌다. 온 세상이
번쩍 하고 순간적으로 밝아졌다가

어두워졌다. 먹구름이 어느새 하늘을 뒤덮었다. 까마귀 떼들이 먹구름으로 변한 것인지, 아니면 먹구름 속으로 까마귀 떼들이 숨은 것인지 알 수 없었다.

"비가 온다!"

소나기를 피해 아이들과 선생님들이 학교 건물로 뛰어 들어 갔다. 하지만 준은 얼떨떨한 표정으로 그 자리에 서 있었다.

"야, 비 다 맞잖아!"

"뭐 해, 얼른 와!"

영재와 혜리가 준의 손을 잡아끌었다.

소나기는 삼십 분쯤 계속되다가 그쳤다. 비가 그치자 아이들은 하나둘 집으로 돌아가기 시작했다. 준도 혜리와 영재의 손에 이끌려 집으로 돌아가야만 했다. 다행히 그날 저녁까지 아무 일도 일어나지 않았다.

"오, 독고준!"

아빠가 드실 죽을 준비하던 엄마가 큰 소리로 준의 이름을 불렀다. 엄마는 매우 심각한 표정이었다.

"왜요?"

준이 기어들어 가는 목소리로 물었다.

"너, 오늘 학교에서 어려운 수학 문제를 척척 풀었다며?"

"네…….."

"아들! 그런 일이 있었으면 엄마한테 먼저 말을 해야지. 영재 엄마가 입에 게거품을 물었어. 준이한테 무슨 공부를 시킨 거냐고."

때마침 연구실에서 돌아온 아빠가 끼어들었다.

"그게 정말이야? 준이가 어려운 수학 문제를 풀다니, 해가 서쪽에서 뜨겠네."

"아무것도 아니에요."

준은 당황해서 말을 얼버무렸다.

"아무것도 아니긴! 아빠한테만 살짝 말해 줘, 어떻게 공부했어? 비결이 뭐야?"

"그게…….."

준은 자신이 신의 능력을 갖게 되었다는 것을 차마 말할 수가 없었다. 이 황당한 이야기를 어떻게 해야 하나 고민이 되었던 것이다.

"아빠, 몸은 괜찮으세요?"

"이녀석이 지금 말을 돌리는 눈친데?"

"그런 거 아니에요."

"그래? 뭐 말끔히 나은 것 같긴 해. 이번 기회에 한 일주일 더 있다가 가야겠어."

"왜요?"

"아빠가 이집트로 안 가면 준이 제일 좋아할 줄 알았는데, 아닌가 봐?"

아빠는 서운한 눈치였다.

"그런 게 아니고요. 아, 몰라요. 저는 그만 자러 갈래요."

"벌써?"

엄마가 눈을 휘둥그레 떴다. 시계를 보니 겨우 저녁 여덟 시였다.

"피곤해요."

"요즘 공부하느라 지쳤나 보다. 얼른 자러 가."

아빠가 거들었다.

"네……."

준은 얼른 방으로 들어와 버렸다. 준은 침대에 걸터앉은 채로 이것저것을 생각해 보았다. 세트가 나왔을 때를 생각하니 머리가 욱신거리며 아파 왔다.

"대체 나한테 무슨 일이 벌어지고 있는 거야.……."

준이 넋두리처럼 중얼거릴 때였다. 아빠가 노크를 했다. 준은 얼른 이불을 덮고 자는 척했다.

"녀석, 정말 피곤했나 보네."

아빠는 준의 머리를 쓰다듬더니 이불을 가지런히 덮어 주었다. 그러고는 준을 물끄러미 바라보았다.

"준아, 아빠가 널 얼마나 기특하고 대견하게 생각하는지 모를 거야. 아빠의 빈자리가 클 텐데, 아무 내색도 하지 않고 견뎌 주는 네게 정말 고마워."

아빠는 준의 머리를 한 번 더 쓰다듬고는 밖으로 나갔다.

준은 눈물이 핑 돌 것만 같았다.

'아빠, 그동안 이집트에 가 계신다고 원망해서 미안해요.'

그날 저녁, 준은 이런저런 생각을 하다가 겨우 잠이 들었다.

하지만 평화는 오래 가지 않았다. 이튿날 아침, 준은 여느 때와 다름없이 알람 소리를 듣고 부스스 일어나 식탁으로 걸어갔다. 아빠는 신문을 보고 있었고, 엄마는 요리를 하고 있었다. 평온하기 그지없는 아침의 모습 그대로였다.

"아빠, 안녕히 주무셨어요?"

"아, 니."

"네?"

"너, 랑, 말, 하, 기, 싫, 어."

아빠가 이상하게 말하고는 고개를 획 돌렸다. 준은 고개를 갸웃하고 식탁으로 갔다. 때마침 아침 준비를 마친 엄마가 밥을 퍼 담고 있었다.

"엄마, 오늘 반찬은 뭐예요?"

"이, 거, 다."

엄마가 식탁 위에 냄비를 털썩 올려놓았다. 냄비 뚜껑을 열자 녹지도 않은 동태가 물 위에 둥둥 떠 있었다.

"엄마, 이걸 어떻게 먹으라는 거예요?"

준이 냄비 뚜껑을 손에 든 채 눈을 휘둥그레 치켜떴다.

"맛, 있, 다. 이, 건, 고, 래, 고, 기."

아빠가 동태 머리를 두 손으로 쥐고 아작아작 물어뜯는 것이었다. 준이 "아빠!" 하고 소리쳤지만, 아빠는 아랑곳하지 않고 딱딱하게 얼어붙은 동태 살점을 아작아작 뜯었다.

"늦, 었, 다. 출, 근, 할, 래."

아빠가 풀어헤쳐진 와이셔츠 차림으로 신발을 신으려고 하자, 엄마가 아빠에게 장화를 꺼내 내밀었다.

"나, 도, 시, 청, 으, 로, 가, 야, 해, 요."

엄마와 아빠의 행동이 이상했다.

"너, 도, 가, 야, 지, 학, 교."

"엄마, 괜찮으세요?"

준의 엄마도 속옷을 겉옷 위에 입고 있었다.

준이 밖으로 나가려는 엄마를 가로막았다. 하지만 엄마와 아빠는 준을 밀쳐 내고 밖으로 나가 버렸다.

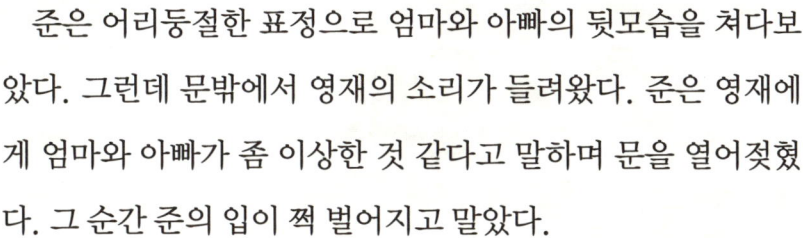

'두 분이 갑자기 왜 저러시지?'

준은 어리둥절한 표정으로 엄마와 아빠의 뒷모습을 쳐다보았다. 그런데 문밖에서 영재의 소리가 들려왔다. 준은 영재에게 엄마와 아빠가 좀 이상한 것 같다고 말하며 문을 열어젖혔다. 그 순간 준의 입이 쩍 벌어지고 말았다.

"영재야?"

영재는 여동생의 치마를 입고 있었다. 한쪽에는 빨간 양말, 또 다른 쪽에는 파란 양말을 신고 있었고, 부모님의 구두를 한 짝씩 신고 있었다.

"야, 너 옷차림이 왜 이래?"

준이 물었지만, 영재는 대꾸하지 않았다.

"오늘 학교에서 연극해?"

준이 고개를 갸웃했다.

"늦, 었, 다, 학, 교."

영재는 준이 따라오든 말든 아랑곳 않고 저벅저벅 밖으로 걸어 나갔다. 준은 영재를 쫓아 부랴부랴 계단을 내려갔다. 골목을 빠져나오자 삼삼오오 짝을 지어 학교로 가는 아이들이 보였다. 아이들은 영재를 보고 "꺄악!" 하고 소리를 지르고, 웃음을 터뜨렸다.

"영재야, 장난 그만해. 애들이 널 놀리잖아."

준이 영재를 붙잡으며 말했다.

그때 저 멀리 혜리가 걸어가는 게 보였다. 혜리는 아빠의 양복을 입고 있었고, 책가방 대신 서류 가방을 들고 있었다.

준이 혜리를 불러 세웠다.

"혜리야, 넌 왜 그런 옷차림이야?"

"내, 가, 뭘."

혜리는 영재의 팔짱을 끼고 준을 무시하고 앞으로 걸었다.

'애들이 왜 저러지?'

준은 영재와 혜리에게 같이 가자고 소리쳤지만, 둘은 아랑곳하지 않았다. 둘은 준의 부모님처럼 굳은 팔과 다리를 앞뒤로 휘저으며 씩씩하게 걸어갔다.

"영재야, 혜리야! 어디로 가는 거야?"

준이 고함을 치자 갑자기 앞장 서 걷던 네 사람이 걸음을 멈추었다. 준은 이상한 느낌을 받고 뒤로 주춤 물러섰다. 몹시 날카롭고 서늘한 기운이 느껴졌던 것이다.

'이건 뭐지?'

준이 생각할 때였다. 갑자기 아빠, 엄마, 그리고 영재와 혜리가 나타나 준을 향해 다가오더니 마구 발길질을 하는 것이었다. 준은 그 발길을 아슬아슬하게 피했다.

"왜 그래요?"

하지만 모두 멈추려 하지 않았다. 준이 몸을 피하자 아빠와 엄마, 영재와 혜리는 인정사정없이 주먹을 휘두르기 시작했다. 준은 뒤로 움찔 물러서며 외쳤다.

"엄마, 아빠! 나야, 나, 준이라고! 왜 이러는 거예요?"

"없, 애, 야, 해, 너, 를!"

엄마가 소리치며 달려들었다. 준은 엄마를 세게 밀치고는 골목 쪽으로 도망쳤다. 그러자 모두 준을 우르르 쫓아왔다. 준은 주위를 두리번거리다가 쓰레기 통 옆에 몸을 숨겼다.

"찾, 아, 라, 준!"

엄마와 아빠, 영재와 혜리는 각자 나눠서 준을 찾기로 한 듯 서로 다른 방향으로 뿔뿔이 흩어졌다. 준은 숨을 죽인 채 그들을 지켜보았다.

'모두 왜 저러는 거지? 좀비 같잖아.'

그때였다. 준은 누군가 자신을 내려다보는 듯한 서늘한 시선을 느끼고 고개를 들었다.

바로 눈앞에 아빠가 서 있었다.

"아, 아빠!"

"찾, 았, 다."

아빠는 준을 끌어안으려고 했다. 놀란 준은 잽싸게 피해 뒷걸음질을 쳤다. 하지만 얼마 가지 못해 막다른 골목에 다다르고 말았다. 준은 더 이상 도망갈 곳이 없다는 걸 확인하고는 식은땀을 훔쳤다.

"아빠, 정신 차려요, 저예요, 준이라고요!"

준이 애타게 외쳤다. 그러자 아빠가 준을 잡으려다 말고 갑자기 움찔하는 것이었다.

"아빠!"

준이 다시 한 번 아빠를 불렀다. 그러자 아빠는 머리를 움켜쥐고 자리에 털썩 주저앉더니 몹시 괴로워하며 신음했다.

"윽!"

"아빠, 괜찮으세요?"

준이 가까이 다가가려 할 때였다.

아빠는 머리를 움켜 쥔 채로 몸을 비틀며 외쳤다.

"가까이 오지 마, 준아, 내가 널 공격할지도 몰라!"

"아빠, 왜 그래요?"

"윽, 나도 내가 왜 이러는지 모르겠어. 제발 부탁이야, 준아, 도망쳐!"

아빠는 한쪽 손으로 다른 주먹을 감싸 쥐며 소리쳤다. 하지만 준은 괴로워하는 아빠를 두고 차마 떠날 수가 없었다.

"아빠, 정신 차려요, 제발!"

"으아악!"

아빠는 몹시 괴로운 듯 온몸을 비틀었다.

"내 머릿속에 뭔가 있는 것 같아. 내가 우리 아들을 공격하다니. 으악!"

아빠가 신음할 때였다. 갑자기 주변에 시커먼 연기가 뿌옇게 차오르기 시작했다.

"이게 뭐지?"

준은 덜컥 겁이 나서 뒤로 물러섰다. 검은 연기는 점점 한데 뭉치더니 거대한 회오리를 일으켰다. 이윽고 회오리는 점점 커지더니 아주 무서운 얼굴 형태를 띠었다. 그 얼굴은 꿈에도 상상하기 싫은 악의 신 세트였다.

"나의 부하여, 당장 호루스를 공격하라."

세트가 음침한 목소리로 아빠를 향해 외쳤다. 그러자 주변에 있던 엄마와 영재, 혜리가 달려왔다.

"세트 님의 명령을 받들겠습니다."

마치 다른 사람이 된 듯한 엄마와 영재, 혜리는 준을 공격하기 시작했다. 준은 차마 엄마와 친구를 공격할 수 없어서 뒤로 물러서 공격을 피하기만 했다.

"무엇들 하느냐, 당장 저놈을 붙잡아!"

세트가 소리치자 모두의 눈이 파랗게 빛이 났다.

"다들 정신 차려!"

준이 울먹이며 외쳤지만 모두 준을 향해 무서운 기세로 다가왔다. 준은 어찌 해야 할지를 몰라 주변을 두리번거렸다. 그때였다. 영재가 우산을 휘두르며 공격해 왔다. 준은 영재의 공격을 피해 재빨리 몸을 던졌다. 그러자 혜리가 기다렸다는 듯 쓰레기통을 휘둘렀다. 준은 혜리의 공격을 피하지 못한 채로 질끈 눈을 감았다.

"윽!" 소리가 터져 나왔다.

준은 살짝 눈을 떴다. 소리를 지른 것은 자신이 아니라 바로 아빠였다.

"아, 아빠!"

"괜찮니, 준아?"

"아빠, 머리에서 피가……!"

"난 괜찮아. 준아, 어서 도망쳐! 내가 어떻게 변할지 모르니까 어서!"

"하지만 아빠랑 엄마를 두고 어떻게…….."

준이 망설일 때였다. 손이 뭔가에 끌어당겨지는 것처럼 허공으로 뜨는 게 아닌가.

'어, 왜 이러지?'

준의 손끝에서 뜨거운 기운이 느껴졌다. 그 기운은 반지 속으로 빨려들어 가는 듯했다.

'맞다, 반지!'

준이 반지를 억지로 빼내려고 할 때였다. 반지 속에서 연기가 피어오르더니, 검은 무늬의 사자 한 마리가 불쑥 튀어나오는 게 아닌가.

"크아앙!"

사자는 준을 향해 송곳니를 드러내며 울부짖었다.

그 모습을 본 세트가 낮고 음침한 목소리로 말했다.

"너는 아케르가 아니냐. 날 방해하려고 나타났나 보군."

"크아앙!"

아케르라는 사자는 세트를 향해 크게 울부짖었다. 그러자 세트는 더 이상 상대했다간 손해라는 듯 검은 회오리를 일으키고는 사라져 버렸다.

"엄마, 아빠?"

세트가 사라지면서 동시에 엄마, 아빠, 영재와 혜리도 사라

졌다. 준은 어리둥절한 눈으로 주변을 두리번거렸다.

 "주인님, 저는 라 님이 보내신 아게르입니다. 주인님을 보호하라는 임무를 띠고 왔습니다."

 사자의 입은 움직이지 않았는데도 목소리가 또렷이 들려왔다.

 "어떻게 말을 한 거지? 내가 사자의 말을 알아들을 리 없잖아!"

 "텔레파시로 메시지를 전달하고 있습니다."

 "텔레파시? 그건 그렇고 우리 엄마랑 아빠 어디로 사라진 거야? 어디로 간 거냐고."

 "진정하십시오. 저들은 진짜가 아닙니다."

"뭐?"

"저들은 형태만 비슷할 뿐 사람이 아닙니다. 평행우주*로부터 건너 온 또 하나의 인간이라고 생각하면 됩니다."

"똑같은 모습을 한 가짜란 말이야? 하지만 아빤 나를 기억했어. 나더러 도망치라고 했다고."

"그건 아마 우주 어딘가에 갇혀 있는 아버지의 마음이 전해졌기 때문일 겁니다."

"우주에 갇혀 있다고? 어디에?"

"인간들은 우주가 하나밖에 없다고 생각하지만, 실제로는 수많은 우주가 있습니다. 그 우주 어느 곳에 자기 자신과 똑같은 인간이 살고 있습니다. 그런데 베트가 우주의 웜홀*을 통해 다른 우주에 있는 인간과 지구의 인간을 서로 바꿔 놓은 모양입니다."

준은 아케르의 말이 무슨 뜻인지 잘 이해가 되지 않았다. 하지만 준도 다섯 개의 태양이 뜨는 우주에서 신의 존재로 있지 않았던가.

"모두 어디에 있다는 거야?"

"웜홀 안 어딘가에 갇혀 있을 겁니다. 아마 크노소스의 미로에 있지 않을까 싶습니다. 소의 머리를 한 미노타우로스 괴

---

*평행우주 : 자신이 살고 있는 세계가 아닌 평행선상에 위치한 또 다른 세계.
*웜홀 : 우주의 시간과 공간의 벽에 난 구멍으로, 순간이동 통로.

물이 살고 있는 곳이지요. 미노타우로스는 사람을 잡아먹는 끔찍한 괴물입니다."

"그 괴물이 어떻게 부모님과 친구들을 잡아간 거지?"

준의 등줄기로 식은땀이 흘렀다.

"아마 세트가 그렇게 한 거겠죠."

아케르의 말대로라면 준의 부모님과 친구들이 위험하다는 뜻이었다.

"아케르, 지금 당장 나를 크노소스의 미로로 데려가 줘. 당장!"

"정말이십니까?"

"엄마랑 아빠, 친구들을 구해야 해! 어서 서둘러!"

준은 비명에 가까운 소리로 외쳤다.

"알겠습니다. 하지만 조심하십시오. 위험할 테니까요."

"각오했어."

아케르가 펄쩍 뛰어올랐다. 순간 엄청난 빛이 준에게 쏟아졌다. 준은 자기도 모르게 눈을 질끈 감았다.

다시 눈을 떴을 때 준은 어느새 캄캄한 어둠 속에 서 있었다. 준 앞에는 끝을 알 수 없는 긴 다리가 있었고, 그 밑으로 뜨거운 마그마가 분출하면서 흐르고 있었다.

준과 아케르는 아슬아슬하게 흔들리는 다리를 건넜다. 한 발자국만 헛디뎌도 떨어질 수 있지만, 준은 부모님과 친구들을 구해야 한다는 생각에 정신을 집중해서 걸어 나갔다.

잠시 후, 준은 붉게 녹이 슨 거대한 철문 앞에 다다랐다. 철문 앞에는 다음과 같은 암호가 새겨져 있었다.

> 누구도 찾을 수 없는 길
> 누구도 살아 나오지 못하는 길
> 그대가 이 문으로 들어오려면 다음에서
> 비밀의 문자를 찾으라.
>
> **B G X J R P**

준은 비밀의 문자를 한눈에 알아보았다.

"알 것 같아. 왜 도플갱어들이 지구에 돌아다녔는지. 언젠가 미술 시간에 데칼코마니를 해 본 적 있어. 중심선을 접으면 크기와 모양이 대칭이 된 똑같은 문양이 생겼지. 그걸 '합동'이라고 했어. 도플갱어도 합동과 같은 거야. 두 형을 포개면 서로 만나는 변과 각의 크기가 같은 것. 완전히 똑같은 도형. 서로 포개 놓으면 딱 들어맞는 도형이 바로 합동! 그래, 세트는 합동과 대칭의 흑마법을 부린 거야."

준은 B G X J R P 가운데 B와 X를 눌렀다.

"B와 X는 각각 가로선으로 접었을 때 완전히 겹쳐져. 위와 아래가 중심선을 사이에 두고 마주 보고 있어. 이것을 '선대칭'이라고 해. 대칭이니까 합동이 되는 거야."

-----**B X**-----

크르르등!

준이 알파벳을 누르자 거대한 철문이 스스르 열렸다. 어둠 속에서 작은 횃불들이 희미하게 타오르고, 끝도 없이 복잡한 미로들이 이어져 있었다. 아케르와 준은 거침없이 앞으로 나아갔다. 막다른 골목에 들어섰을 때 갑자기 쿵 하는 소리와 함께 한쪽 벽이 바위에 가로막히고 말았다. 바위는 빠른 속도로 준을 향해 굴러 왔다.

"여긴 함정이야! 자칫하다가 가루가 되겠어!"

"주인님, 저쪽 벽에 뭔가 쓰여 있어요!"

준이 벽면의 흙을 재빨리 털어 냈다. 그러자 도형 모양의 돌 덩어리들이 나란히 그려져 있었다.

그대여, 점대칭 도형을 찾으라

"점대칭은 점을 중심으로 180° 회전해서 겹치는 도형인데, 그렇다면……."

준은 도형을 하나씩 돌려보았다.

"이것들이 점대칭 도형이야."

준이 문제를 풀자 돌덩어리들은 벽 속으로 사라졌다. 준이 위기에서 벗어났다며 안심을 하는 사이에 또 다른 석판이 나타났다.

이 도형은 대칭의 위치에 있는 도형이다.
그대여, 지워진 각의 크기를 구하라.

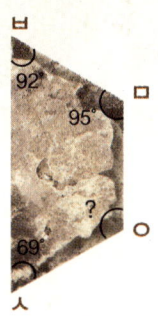

준은 마음이 급해졌다.

"이건 선대칭인가, 점대칭인가? 선대칭이랑 점대칭은 어떻게 다르더라? 아, 그렇지. 여기 중간에 선이 있으니 선대칭이 분명해. 선대칭이 선을 중심으로 대칭되는 것이라면, 점대칭은 점을 중심으로 180° 회전해서 겹치는 도형이야."

쿠으으응 -. 쿵, 쿵, 쿵.

준이 중얼거리는 사이에 멈춰 있던 바위가 빠른 속도로 굴러왔다. 준은 머리를 흔들며 다시 생각을 정리했다.

"정확한 대응각을 찾아야 해. 지워진 각을 각 ㅁㅇㅅ이라고 하자. 자, 침착해지자. 대응하는 축을 중심으로 접었을 때 완전히 겹치는 각이 대응각이잖아. 그 원리를 이용해 각각 대응각을 찾으면 돼."

사각형의 네 각의 크기의 합은 360°이므로

각 ㅁㅇㅅ = 360°-(95°+69°+92°)=360°-256°=104°

바위가 준의 코앞까지 다가왔다. 아케르가 몸을 바짝 움츠렸다. 준이 벽에 104°라고 벽에 썼다. 그러자…….

해와 달을 지키는 아케르 신

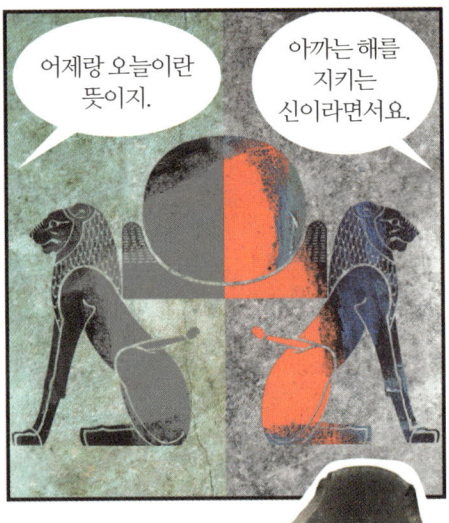

Mission 4

다시 초능력을 찾아라

· 도형의 넓이 ·

미션 목표
사각형, 정사각형, 평행사변형, 삼각형의 넓이를 구하는 공식은 어떻게 다를까?

거대한 철문이 열리자, 길고 비좁은 통로가 나타났다. 준은 어두운 통로 안쪽을 멀뚱하니 쳐다보았다. 안쪽에서 기분 나쁜 기운이 스멀스멀 풍겨 오는 것만 같았기 때문이다.

"뭐 하십니까?"

"어?"

"안으로 들어가셔야죠."

아케르가 고갯짓을 했다.

준은 내키지 않는 표정으로 걸음을 옮겼다. 갑자기 거대한 철문이 스르륵 닫혔다.

"무, 문이!"

"괜찮습니다. 끝으로 가면 새로운 입구가 나타날 테니까요."

"여긴 대체 어디야?"

"서두르십시오."

아케르는 그 말만 하고 더 이상 대답하지 않았다.

준은 잠자코 어두컴컴한 통로 안으로 걸어갔다. 얼마나 걸었을까. 준은 발을 뗄 때마다 자신의 몸이 이상하게 변하고 있다는 것을 느꼈다. 한 걸음, 한 걸음 움직일 때마다 몸집이 커지고, 뼈 마디마디가 굵어지는 것 같았다.

'윽, 온몸이 뜨거워. 숨도 차고 목도 말라.'

준은 머리를 세차게 흔들었다. 그렇게 얼마쯤 걸었을까. 이미 준의 몸은 호루스로 완전히 변해 있었다. 머리에는 까칠한 검은 깃털이 만져지고, 몸은 근육질로 번질거렸다. 하지만 어찌된 까닭인지 힘을 쓸 수가 없었다. 마치 손가락과 발가락 끝으로 힘이 줄줄 새어 나가는 것 같았다.

"윽, 쓰러질 것 같아······."

"호루스 님, 조금만 힘을 내세요. 제가 길을 찾겠습니다."

아케르의 두 눈에서 눈부실 정도로 밝은 빛이 쏟아져 나왔다. 준은 그 빛에 의지해서 어둠 속을 걸어갔다.

"아케르, 여긴 어디지? 마치 지옥 같군. 코를 찌르는 독가스 때문에 숨을 쉴 수가 없어. 게다가 바닥에 독충들이 널려 있어. 내가 쓰러지면 저놈들이 나를 뜯어 먹으려고 하겠지?"

준은 득실거리는 지네와 독거미들을 피해 걸었다. 전에 신으로 변했을 때는 하늘을 날아오르기도 하고 엄청나게 강한 힘을 발휘하기도 했는데, 지금은 몸만 바뀌었을 뿐 능력은 인간과 같았다.

"내 몸은 호루스로 변했는데, 왜 호루스의 초능력이 나오지 않는 거지?"

준이 아케르를 향해 숨을 헐떡이며 물었다.

"그건 크노소스의 미로가 주인님의 에너지를 빨아들이기 때문입니다."

"크노소스의 미로?"

"이곳은 암흑이 만든 미로입니다. 크노소스의 또 다른 이름은 혼동, 파멸, 고통입니다. 이곳에 사는 미노타우로스는 신들의 능력을 빨아먹고 사는 괴물입니다."

"뭐라고? 내가 지금 괴물의 뱃속에 와 있기라도 하단 뜻이야?"

"그렇다고 할 수 있지요."

아케르가 고개를 끄덕였다.

준은 덜컥 겁이 났다.

"돌아가시겠습니까?"

"아, 아니……. 그랬다간 엄마랑 아빠, 친구들이 위험해질지도 모르잖아."

"이곳에서 초능력을 발휘하려면 새로운 진리를 깨쳐야만 합니다."

아케르의 목소리가 준의 머릿속으로 파고들었다.

"새로운 진리라고?"

준은 비틀거리며 벽을 붙잡았다. 어지러워서 단 한 발자국도 걸을 수가 없었다.

"새로운 진리라는 게 대체 뭐야?"

"조금만 더 가면 아시게 될 겁니다."

아케르가 앞으로 성큼 걸어갔다.

준은 숨을 가다듬고 다시 한 발자국 앞으로 향했다.

얼마나 갔을까. 준은 이상한 기척을 느끼고 걸음을 멈추었다. 등 뒤에서 서늘한 기운이 느껴졌다. 뒤를 돌아 본 준은 소스라치게 놀라 소리를 질렀다.

"크아악!"

악어처럼 생긴 거대한 괴물이 입을 쩍 벌리고 있었던 것이다.

준은 놀란 나머지 뒤로 넘어지고 말았다.

"케베크 님, 오랜만입니다."

아케르가 악어를 향해 공손하게 머리를 숙였다.

"그래, 호루스를 데리러 갔다더니 어떻게 된 것이냐?"

악어가 입을 쩝쩝거리며 물었다.

"저분이 호루스 님이십니다."

"저 약해 빠진 놈이 호루스라고? 아무런 기운이 느껴지지 않는데? 오시리스가 매우 실망하겠군."

악어가 무시무시한 눈을 번뜩이며 준을 살폈다. 준은 마른침을 꿀꺽 삼켰다. 다리가 후들거리고 손이 부들부들 떨렸다.

"호루스여, 나는 네 아버지의 친구, 세베크다."

"치, 친구라고요? 그렇다면 제발 저를 도와주세요!"

준이 사정하자, 세베크는 굵고 커다란 꼬리로 바닥을 휙 쓸었다. 순간, 바닥에 이상한 글자가 나타났다.

미로를 만든 도형의 원리를 알고 싶다면
첫 번째 진리를 찾으라!
사각형의 넓이는 왜 가로 × 세로로 구하는 걸까?

"저 진리를 깨치면 돼."

세베크의 말에 준은 고개를 갸웃했다.

"그건 공식이잖아요. 문제 풀 때 다 그런 공식을 쓰는 건데……."

"공식만 외워서는 백 가지, 천 가지 문제를 해결할 수 없지. 도형의 모양은 수없이 많잖아. 그런데 원리를 깨치면 모양이 다르더라도 넓이를 쉽게 구할 수 있어."

"맞습니다. 원리를 알아야 어떤 어려운 문제도 해결할 수 있는 능력이 생기죠. 그게 곧 진리를 찾는 방법입니다. 자, 어서 생각해 보세요."

준은 세베크와 아케르를 원망스럽게 쳐다보았다. 둘은 더이상 무엇도 도와줄 수 없다며 고개를 획 돌려 버렸다. 준은 하는 수 없이 바위 위에 올라가 생각하기 시작했다.

'집중, 집중하자, 집중…….'

준은 마음을 차분하게 하고 모든 정신을 마음속의 도형에 집중했다. 서서히 사각형이 형광 빛을 뿜으며 떠올랐다.

"한 변의 길이가 1cm인 모눈종이가 있어. 이 종이 위에 가로 5cm, 세로 3cm인 직사각형을 그려 보았어."

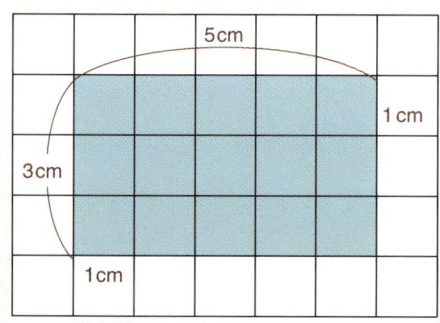

준은 직사각형의 모눈 개수를 세어 보았다. 가로는 5개, 세로는 3개였다. 그러므로 직사각형의 모눈의 개수는 5×3=15

개였다. 모눈 1개의 단위넓이는 1 cm²이므로, 직사각형의 넓이는 1 cm²짜리가 15개.

"아! 그래서 넓이가 15 cm²가 되는 거였군!"

원리를 깨치자 준의 몸이 무중력 상태로 가볍게 바위 위로 떠올랐다. 그러자 동굴 벽에 두 번째 글이 나타났다.

두 번째 진리를 찾으라!
정사각형의 넓이는 왜 한 변의 길이 × 한 변의 길이로
구하는 걸까?

준은 다시 생각에 잠겼다. 준의 머릿속으로 정사각형들이 흩어졌다가 모이는 걸 반복했다.

'정사각형은 가로와 세로의 길이가 같은 사각형이지. 한 변의 길이가 1 cm인 모눈종이 위에 한 변의 길이가 2 cm인 정사각형을 그려 보자.'

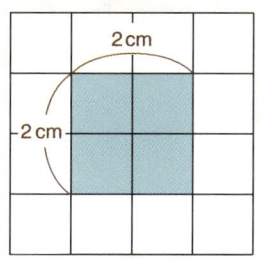

'정사각형 모눈의 개수를 세어 보면 가로는 2개, 세로도 2개 므로 정사각형의 모눈의 개수는 2×2=4개지. 모눈 1개의 단위 넓이는 1cm²이므로 정사각형의 넓이는 1cm²짜리가 4개 있는 거야. 그래서 넓이는 4 cm²가 되는 거였군!'

여기까지 생각하자 준의 근육에 힘이 돌기 시작했다. 마치 방전되었던 배터리의 에너지가 점점 차오르는 듯했다. 준이 힘차게 동굴 벽을 "쾅!" 내리쳤다. 순간 세 번째 글귀가 떠올랐다.

세 번째 진리를 찾으라!
평행사변형의 넓이는 왜 밑변×높이로 구하는 걸까?

"이런 것쯤이야 식은 죽 먹기지. 색종이만 오릴 줄 알면 된다고!"

준은 금방 해답을 떠올렸다.

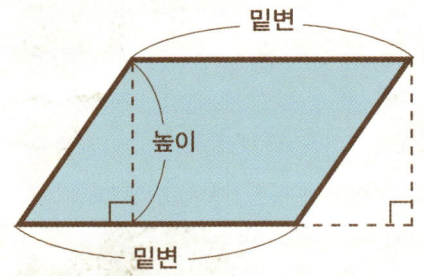

"평행사변형에서 평행한 두 변을 '밑변'이라고 하고, 밑변 사이의 거리를 '높이'라고 해. 평행사변형의 한쪽 구석을 잘라 이렇게 붙이니까 직사각형이 만들어졌어."

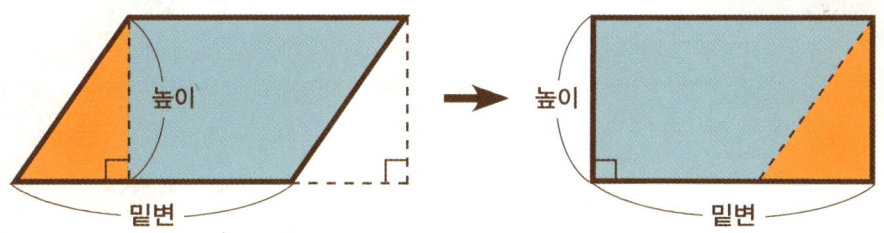

아케르가 신기한 듯 눈을 빛내며 준을 바라보았다.

"평행사변형의 밑변과 높이가 직사각형의 가로와 세로가 된 거야. 직사각형이나 정사각형의 넓이를 구하려면 가로×세로를 하잖아. 그러니까 평행사변형의 넓이는 밑변×높이지."

말이 끝나기 무섭게 준의 입에서 파란 빛이 뿜어져 나왔다. 호루스의 에너지를 모두 찾은 것 같았다.

"이제 엄마, 아빠를 찾으러 가자!"

"아직 안 됩니다."

"왜?"

"호루스 님이 찾아야 할 진리가 더 있으니까요."

준은 폭발할 것처럼 강한 에너지가 가슴 한가운데로 모여지는 것을 느꼈다. 이만하면 충분하다는 생각이 들었다. 하지만 아케르는 꼼짝도 하지 않고 동굴 벽 한쪽을 물끄러미 바라보았다.

"내가 찾아야 할 진리가 또 뭐야?"

그 순간, 기다렸다는 듯이 동굴 벽 한쪽에 네 번째 글이 떠올랐다.

네 번째 진리를 찾으라!
삼각형의 넓이는 왜 밑변 × 높이 × $\frac{1}{2}$로 구하는 걸까?

준이 이마에 힘을 주자 바닥의 돌들이 허공으로 떠올랐다. 돌들은 빠작 소리를 내며 여러 가지 모양의 삼각형으로 부서졌다. 삼각형들은 허공에서 빙글빙글 돌더니 쩍 소리를 내며 하나로 합쳐져 사각형이 되었다. 또 직사각형이 되기도 하고, 정사각형이나 평행사변형이 되기도 했다.

"삼각형의 넓이는 사각형의 넓이의 절반이야. 따라서 삼각형의 넓이=사각형의 넓이 $\times \frac{1}{2}$ 인 거지."

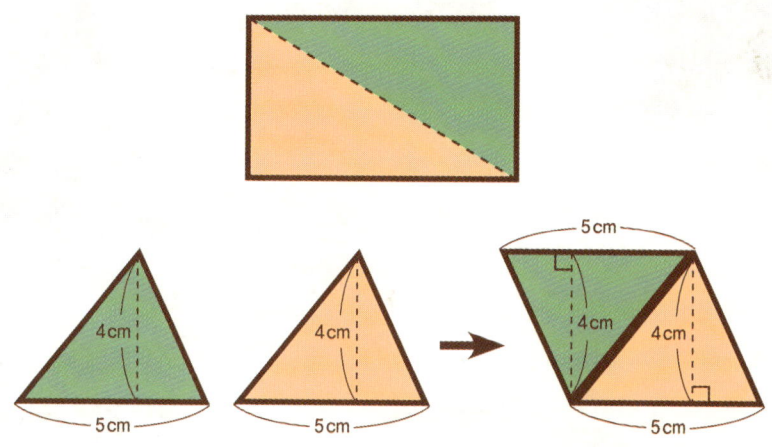

"밑변 5cm, 높이 4cm인 삼각형 두 개가 있어. 이것을 붙이면 평행사변형이 만들어져. 평행사변형의 밑변은 5cm, 높이는 4cm로, 삼각형의 밑변 5cm, 높이 4cm와 같아. 그래서 삼각형의 넓이는 평행사변형의 밑변×높이÷2라고 할 수 있지. 그러니까 결론은 이거야!"

$$\text{삼각형의 넓이} = \text{사각형의 넓이} \times \frac{1}{2}$$
$$= \text{밑변} \times \text{높이} \times \frac{1}{2}$$

마지막 진리를 깨달은 준의 입, 코, 눈, 귀에서 강렬한 빛이 레이저 광선처럼 뿜어져 나왔다. 준은 온몸이 활활 타오르는 듯한 기운을 느끼고 몸서리쳤다. 참다못한 준은 "으아아!" 하고 비명을 내질렀다.

"모, 몸이 타들어 가는 것만 같아!"

준의 몸은 마치 거대한 불덩어리 같았다.

"이제야 호루스다워졌군."

세베크가 커다란 입을 쩝쩝거리며 말했다.

그때였다. 아케르가 앞발을 날카롭게 세우며 등을 숙였다.

준이 그 뜻을 알아듣고 등에 올라타자, 아케르가 쏜살처럼 달리기 시작했다.

"끄아아!"

준은 바람을 가르고 달리며 힘차게 소리쳤다.

나일 강을 지키는 혼돈의 신 세베크

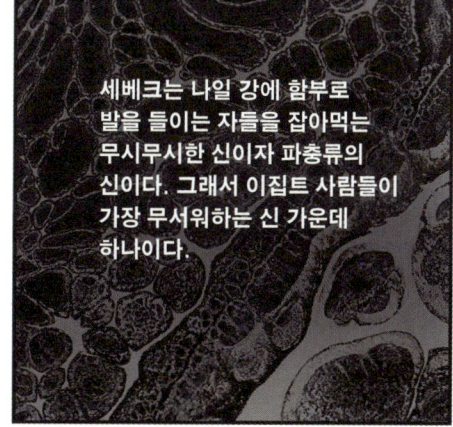

Mission 5

소머리 괴물의
수수께끼를 풀어라

· 다각형의 넓이 ·

미션 목표
사다리꼴의 넓이는 왜
(윗변+아랫변)×높이÷2일까?

　독고준의 몸이 허공에 둥실 떠올랐다. 엄청난 힘이 몸속에서 치밀어 오르는 듯했다. 그 힘은 마치 준을 통째로 삼킬 것만 같았다. 준을 눈을 감고 몸속의 에너지가 밖으로 나올 수 있도록 숨을 크게 들이쉬었다. 그러자 준의 몸이 차츰 변하기 시작했다. 이제 준의 몸은 완전히 신으로 변한 것이다.

　'아…… 더 이상 나는 인간이 될 수 없겠지?'

　준은 허공에 뜬 채 가부좌를 틀고 앉았다. 눈을 감은 준은 자신이 어떻게 수학의 진리를 깨쳤는지, 또 자신의 몸이 왜 신이 되어 버린 것인지 생각했다.

　호루스야, 왜 네가 작은 인간의 몸속에 봉인되어 있어야만 했는지 깨달았느냐? 네가 진작 수학의 진리를 깨

첬다면 좋았을 것을. 시간이 너무 지나 버렸구나.

어디선가 오시리스의 목소리가 들려왔다. 준은 두 눈을 감은 채 고개를 가로저었다.
'그래, 그동안 나는 왜 수학을 해야 하는지 고민했어. 하지만 그 누구도 속 시원하게 대답해 준 적이 없었지.'
사실 준은 수학을 해야 하는 이유도 모른 채 문제를 풀고 정답 찾는 데에만 노력을 쏟았다. 솔직히 어른들도 왜 수학을 해야 하는지 모르는 경우가 많았다.

호루스야, 이제라도 네가 돌아와서 다행이다.

준은 눈을 번쩍 떴다.
'그래, 수학이라는 것은 새로운 세상에 대한 깨달음이고, 내 자신을 알아 가는 과정이었어.'
준은 나직하게 중얼거렸다. 수학을 통해 내면 깊이 숨어 있던 능력을 되찾은 준은 어느덧 신으로 바뀐 것이다. 이제 남은 것은 더 깊은 깨달음을 거쳐 더 강력한 능력을 갖는 것이었다. 그래야만 지옥 같은 크노소스의 미로에 갇혀 있는 부모님과 친구들을 구해 낼 수 있을 것이다. 눈을 부릅뜬 준은 주위를 살펴보았다. 그러자 파드득파드득 소리가 들리며 이상한 기운이 느껴졌다. 준은 본능적으로 몸을 비틀었다. 동시에 수천 마리의 나방 떼가 준을 향해 몰려왔다.

"이게 뭐지!"

아케르가 펄쩍 뛰면서 허공을 향해 발길질을 했다. 아케르의 발톱에 채인 나방들이 우수수 떨어졌다.

"호루스 님, 조심하세요! 독나방입니다!"

독나방 떼가 준의 몸에 달라붙었다. 독나방은 준의 머리와 눈과 입, 귀를 파고들었다. 하지만 준은 눈을 감고 가부좌를 한 채 꼼짝도 하지 않았다.

"주인님! 주인님!"

아케르의 외침이 허공을 맴돌았다.

독나방들은 준의 몸을 물어뜯기 시작했다.

파파팟!

독나방 떼의 날갯짓 소리가 동굴 안을 울렸다. 하지만 준은 조금도 움직이지 않았다.

아케르가 준을 애타게 불렀다. 순간 "파핫!" 하고 준의 몸 전체에서 푸른빛이 번쩍였다.

팍, 팍, 팟!

순식간에 독나방들이 잿더미로 변하고 말았다. 새카맣게 탄 독나방들이 바닥에 후드득 떨어졌다. 진리를 깨달은 준의 능력은 상상을 초월했다. 그제서야 준은 눈을 뜨고 컴컴한 어둠 속을 노려보았다.

"누구냐."

준이 묻자 동굴 깊은 곳에서 목소리가 흘러나왔다.

"크으흐, 크흐으흐. 제법이군."

어디선가 기분 나쁜 소리가 바람처럼 훑고 지나갔다. 코를 찌르는 듯한 지독한 냄새가 계속 풍겨 나왔다. 준은 동굴 끝을 물끄러미 바라보았다. 어둠 속에서 누군가 준을 향해 서서히 다가오는 게 보였다. 아케르는 눈을 부릅뜨고 어둠을 향해 으르렁거렸다.

"그만둬, 아케르."

"호루스 님!"

"이건 놈과 나의 싸움이야."

준이 두 주먹을 꽉 움켜쥐었다. 그러자 준의 두 손과 두 발이 날카로운 갈고리처럼 변했다.

그 모습을 본 아케르는 준의 뜻을 받들겠다는 듯 치켜뜬 꼬리를 내리더니 다시 연기가 되어 준의 반지 속으로 들어가 버렸다.

준은 바위 위로 우뚝 올라섰다.

동굴 안쪽에서 거대한 회오리바람이 불어왔다. 강한 바람과 함께 모래, 돌멩이 따위가 준에게 쏟아졌다. 하지만 준은 끄떡하지 않았다. 강철처럼 단단해진 몸이 돌멩이들을 튕겨 냈던 것이다.

"정말 오랜만이야, 호루스."

어둠 속에서 누군가가 나타났다. 모습을 드러낸 것은 둘이었다. 소의 머리에 사람의 몸을 한 괴물과 그 괴물을 부리는 듯한 여자였다. 여자는 몹시 아름답고 얼굴이 고왔는데, 전사 갑옷을 입고 있었다.

"너희는 누구냐."

"우리를 기억하지 못하다니. 이거 실망인데?"

여자가 가느다란 목소리로 말했다.

"내 부모님과 친구들은 어디에다 감췄지?"

"그딴 질문은 나중에 하고, 우리끼리 끝내야 할 얘기부터 마무리 짓자고."

"끝내야 할 얘기라니?"

"네 몸뚱이도 반은 사람이면서 반은 독수리잖아. 어디에도 속하지 못하고, 어디에서도 환영 받지 못하는 외톨이인 너. 나의 사랑스러운 미노타우로스처럼 내 밑으로 들어오는 게 어때? 더욱 강한 전사로 키워 주겠다."

"난 관심 없다."

"흥, 여전히 차갑군."

"어서 내 부모님이 어디 계시는지 말하시지."

준의 말에 여자는 고개를 획 돌렸다.

"저 여자는 하트셉수트 여왕입니다."

반지 속에서 아케르의 목소리가 흘러나왔다.

"그게 누군데?"

"아주 무시무시한 여왕이었지요. 이집트 최초로 여왕이 된 사람이 바로 저 여자입니다."

아케르의 말에 하트셉수트는 코웃음을 치더니 소리쳤다.

"뭐야, 그 속에 아케르가 숨어 있는 거야? 어이, 겁쟁이! 거기 숨어서 뭐 하는 거지?"

"크아앙!"

반지 속에서 아케르가 소리쳤다.

아케르는 두려운 상대를 피하려고 일부러 큰소리를 내는 것 같았다.

"미노타우로스, 이제 그만 저 독수리 괴물을 없애 버려라. 우리 편이 될 수 없다면 해치우는 게 나아."

하트셉수트의 명령에 미노타우로스가 앞으로 나섰다. 미노타우로스는 거대한 머리를 크게 끄덕이더니 "끄아앙!" 하고 울부짖었다. 순간 코를 찌르는 고약한 냄새가 풍겼다.

"윽, 이게 무슨 냄새야?"

"사람을 잡아먹은 냄새입니다. 저 괴물은 미궁 속에 사람을 가둬 놓고 잡아먹습니다."

반지 속의 아케르가 말했다.

준은 부모님과 친구들이 덜컥 걱정되었다.

"내 부모님과 친구들은 어디 있느냐? 이 소머리 국밥아!"

준이 공격하려고 덤비자 미노타우로스가 거대한 힘으로 준의 몸을 가볍게 허공으로 던져 버렸다.

"독수리 머리야, 넌 내 몸에 털끝 하나 손대지 못한다."

"뭐라고?"

"네가 날 잡으려면 미로의 수수께끼를 풀어야만 할 거다. 만

약 풀지 못하면 넌 영원히 미로 속에 갇히게 될 거야."

"뭐?"

준이 눈을 부릅떴다. 동시에 강한 충격이 준의 몸을 강타했다. 준은 비명을 지르며 쓰러지고 말았다.

"끄악!"

"괜찮으십니까?"

아케르가 반지 속에서 뛰쳐나왔다.

준은 온몸을 쥐어짜는 듯한 고통에 인상을 찌푸렸다.

"크크크, 그럼 미로 속에서 고생 좀 해 보시지."

미노타우로스는 허공 속으로 스르르 사라졌다.

"살려 달라고 빌고 싶으면 얼마든지 용서해 주마. 마음이 바뀌면 말하거라."

하트셉수트 여왕도 피식 웃더니 연기처럼 사라져 버렸다.

준은 손을 뻗어 둘을 붙잡으려 했지만 엄청난 기운에 밀려 바닥에 내동댕이쳐지고 말았다.

"기다려!"

준은 마음이 급해 견딜 수가 없었다. 여기서 미노타우로스를 놓치면 부모님과 친구들을 영영 못 찾을 것만 같았다.

"아케르! 사람들이 미노타우로스의 먹이가 되기 전에 어서 찾아야만 해!"

준이 몸을 벌떡 일으키며 소리쳤다. 그런데 바닥에 이상한 그림이 나타나기 시작했다. 그것은 사다리꼴 모양을 띤 선명한 붉은 선이었다. 준이 발을 앞으로 내디디려고 하자 엄청난 에너지 파장이 흘러나왔다.

"윽!"

준은 내밀었던 발을 다시 거두었다.

"밖으로 나가려면 사다리꼴의 비밀을 풀어야만 합니다."

"모르겠어. 대체 어떻게 해야 하지?"

"반지로 별을 그려 보세요."

아케르의 말대로 하자, 사다리꼴의 모양이 더욱 분명해지면서 형광 빛 글자들이 하나씩 튀어나왔다.

**미궁을 여는 길을 찾고 싶다면 다음을 증명하라.
사다리꼴의 넓이는 왜
(윗변 + 아랫변) × 높이 ÷ 2인가?**

준은 지금까지 사다리꼴의 넓이를 구할 때 (윗변＋아랫변)×높이÷2의 공식을 사용했다. 공식을 사용하면 답은 쉽게 찾을 수 있었다. 하지만 그 공식이 어떻게 만들어졌는지 한 번도 생각해 본 적은 없었다.

"문제를 해결하기 어려울 때에는 그림을 그려 보세요. 그림을 그리면 보이지 않던 것이 보이게 됩니다."

아케르가 도움을 주었다.

준이 손가락으로 허공을 긋자 허공에 형광 불빛으로 그림이 새겨졌다.

"사다리꼴은 마주 보는 한 쌍의 변이 서로 평행인 사각형이야. 그러니까 직사각형, 정사각형도 사다리꼴이라 할 수 있고, 평행사변형, 마름모도 사다리꼴이라 할 수 있다고 배웠어."

"맞아요. 그러니까 사다리꼴도 사각형이잖아요. 사각형은 다른 도형으로 모양을 바꿀 수 있지 않을까요?"

"아케르, 조용히 있어! 나 혼자 해결할 테니까."

준은 스스로 답을 찾지 못하면, 초능력이 강해질 수 없을 거라고 생각했다. 부모님과 친구들을 구하려면 자신이 직접 답을 찾아야 할 것 같았다.

'생각, 생각을 하자. 마음을 가다듬고 왜 그런지 이유를 생각해 보는 거야.'

준은 계속 허공에다 그림을 그렸다.

'옳지! 두 개의 삼각형으로 나눠 보자.'

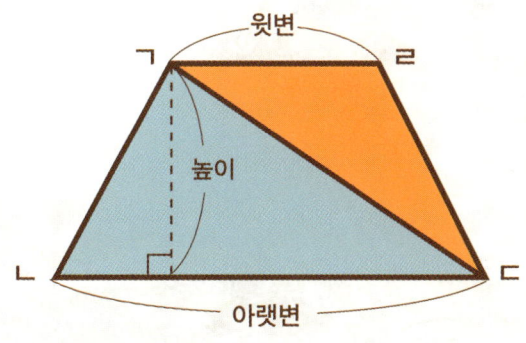

그러자 준의 눈에 좀 전에는 보이지 않던 희미한 형체가 보이기 시작했다. 준은 세상이 환해지는 것 같은 기분이 들었다.

'맞았어! 사다리꼴의 넓이를 구하려면 두 개의 삼각형의 넓이를 하나씩 계산해서 더하면 돼. 먼저, 아래쪽에 있는 큰 삼각형의 넓이는 아랫변×높이÷2. 위쪽에 있는 작은 삼각형의 넓이는 윗변×높이÷2. 따라서 두 개의 삼각형을 더하면 (아랫변×높이÷2)+(윗변×높이÷2)구나!'

사다리꼴의 넓이 = (윗변 × 높이 ÷ 2) + (아랫변 × 높이 ÷ 2)

준은 눈을 감은 채 생각했다.
'그런데 이 계산은 너무 복잡해. 그래, 간단하게 만들려면 두 번 곱하는 높이를 한 번으로 줄이면 돼.'

사다리꼴의 넓이 = (윗변 × 높이 ÷ 2) + (아랫변 × 높이 ÷ 2)
= (윗변 + 아랫변) × 높이 ÷ 2

준이 이렇게 허공에 쓰자, 갑자기 "츠, 츠, 측." 하는 소리가 나며 사다리꼴 불덩어리가 얼음처럼 갈라졌다. 그러다가 "쩡!" 하는 소리와 함께 바닥에 그려졌던 사다리꼴 모양의 그림이 산산조각 났다.

'풀었어! 내가 또 해결했어!'

준의 온몸에서 붉은 에너지파가 뿜어져 나왔다. 그러자 허공에서 사다리꼴 불덩어리들이 준을 향해 날아왔다. 불덩어리들은 붉은 혀처럼 널름거리며 준을 태워 버릴 듯이 달려들었다. 하지만 준은 가볍게 몸을 틀어 불덩어리들을 피했다.

"불덩어리들이 계속해서 날아옵니다!"

아케르의 말에 준은 두 손을 한데 모으고 합장하듯 한 자세로 서서 기운을 모았다. 순간 준의 온몸에서 얼음처럼 차가운 기운이 쏟아져 나왔다.

"쉬익, 쉬이이익!"

동굴 깊은 곳에서 날아오던 불덩어리들이 삽시간에 사라지고 말았다.

"별것도 아닌 것들이!"

준이 의기양양하게 소리쳤다.

"조심해요! 발밑에!"

아케르가 소리쳤다. 준이 발을 떼려 하던 곳은 끝도 모를 정도로 깊은 벼랑이었다.

"호루스 님, 제가 불을 밝히겠습니다!"

아케르가 두 눈에 힘을 주자, 어두컴컴한 동굴이 밝아지더니 아찔한 벼랑이 눈에 들어왔다. 한 발자국만 더 떼었더라면 준은 저 아래로 떨어져 흔적도 없이 사라졌을 것이다. 준은 서늘한 기분을 느끼며 가슴을 쓸어내렸다.

벼랑과 벼랑 사이는 한 사람이 겨우 지나갈 만큼 좁은 다리가 놓여 있었는데, 다리는 금방이라도 끊어질 것처럼 위태로워 보였다. 또 벼랑 옆에는 무덤이 있었고, 그 무덤에 다각형

모양의 비석이 세워져 있었다.

"누구의 무덤이지?"

"글쎄요……."

"아케르, 여길 좀 비춰 봐."

준은 비석 앞으로 다가갔다. 비석에는 이런 글귀가 새겨져 있었다.

'이런 비석의 넓이를 구하는 공식은 없는데?'

준은 잠시 당황했다. 하지만 금방 안정을 찾고, 조금 전에 했던 방법대로 그림을 그려 가며 풀어 보기로 했다.

'넓이를 구하기 쉬운 모양으로 이 다각형을 바꿀 수는 없을

까? 삼각형, 사각형, 평행사변형, 마름모꼴이라면 얼마든지 넓이를 구할 수 있잖아.'

'그렇지! 삼각형, 직사각형, 사다리꼴로 나눠서 넓이를 구한 다음에 전부 더해야 돼!'

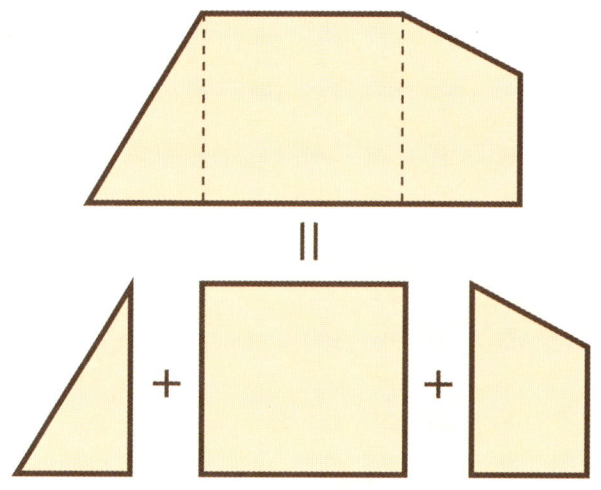

준이 문제를 풀어내자 무덤에서 밝은 빛들이 하나둘씩 피어 올랐다. 그 빛은 반딧불처럼 공중으로 날아오르더니 캄캄한 어둠을 환하게 밝혀 주었다. 그러면서 벼랑 사이의 좁은 다리를 안내했다. 그것은 마치 카르다노 장군의 영혼인 것 같았다. 준은 그 밝은 빛들을 따라 움직이기 시작했다.

어둠이 꿈틀거렸다. 어둠 저편에 뭔가 있는 것 같았다.

"아빠! 엄마!"

준의 목소리가 떨렸다. 어둠 저편에서는 아무런 대답이 없었다. 그러나 준은 재차 소리쳤다.

"영재야! 혜리야! 내가 꼭 구하러 갈게! 내 몸이 모래처럼 부서지더라도 아빠와 엄마, 그리고 너희들을 구해 낼 거야! 그때까지 제발 무사히 살아 있어 주세요! 제발……."

뜨거운 눈물이 독수리 머리를 타고 흘렀다. 그리움이 북받쳐 올랐다.

세상을 집어 삼킬 것 같은 신의 능력을 가졌건만, 준의 마음은 여전히 인간의 마음 그대로였다. 그렇다면 우주에서 인간이 가장 소중한 존재인 게 아닐까?

가짜 수염을 붙인 하트셉수트 여왕

하트셉수트는 파라오인 투트모세 1세의 딸로 이집트의 공주였다.

아빠!

아이고, 우리 딸! 예쁘기도 하지.

하트셉수트는 어려서부터 전쟁 이야기를 좋아했다.

전쟁터에서 있었던 얘기를 해 주세요.

안 된다, 공주야. 여자는 그런 얘길 좋아해선 안 돼.

왜요? 저는 전쟁 얘기가 재미있어요. 이 다음에 아버지처럼 훌륭한 왕이 될 거예요!

끙, 저 골칫덩이!

당시만 하더라도 이집트 여자들은 결혼해서 아이를 낳고 살지 않는다면 사원에서 신을 섬기는 무녀가 되거나,

춤추는 무희가 되어야만 했다.

독고준은 미노타우로스를
물리치고 가족과 친구들을
구할 수 있을까요?
3권으로 이어집니다.